周边国家
语言文化研究
（2023）

Studies on the Languages and Cultures
of Neighbouring Countries

主　编　龚益波

东南大学出版社
SOUTHEAST UNIVERSITY PRESS
·南京·

内 容 提 要

本书依据"新文科"的指针和要求,选取"语言文化"视角,以对非通用外语的研究为基础,对中国周边国家的历史、文化、国情等展开研究,以期在呼应教育转型和教学改革的同时,拓展外语及国别研究的视野。

图书在版编目(CIP)数据

周边国家语言文化研究 / 龚益波主编. — 南京：东南大学出版社,2024.1
 ISBN 978-7-5766-0990-5

Ⅰ.①周… Ⅱ.①龚… Ⅲ.①文化语言学－研究－世界 Ⅳ.①H0-05

中国国家版本馆 CIP 数据核字(2023)第 224393 号

责任编辑:刘　坚(635353748@qq.com)　　责任校对:子雪莲
封面设计:毕　真　　责任印制:周荣虎

周边国家语言文化研究

Zhoubian Guojia Yuyan Wenhua Yanjiu

主　　编	龚益波
出版发行	东南大学出版社
出 版 人	白云飞
社　　址	南京市四牌楼 2 号(邮编:210096　电话:025－83793330)
经　　销	全国各地新华书店
印　　刷	广东虎彩云印刷有限公司
开　　本	700 mm×1000 mm　1/16
印　　张	11.5
字　　数	260 千字
版　　次	2024 年 1 月第 1 版
印　　次	2024 年 1 月第 1 次印刷
书　　号	ISBN 978-7-5766-0990-5
定　　价	78.00 元

本社图书若有印装质量问题,请直接与营销部联系,电话:025－83791830。

前言

  中国周边地区在世界地缘战略格局中举足轻重，既为中国提供了巨大的地缘战略依托，也给中国周边安全增加了许多复杂变数。当今及未来较长时间，中国地缘战略环境呈现为陆缓海紧、西弛东张的总体形势。历史上，中国周边地区对中国的战略安全关系重大，周边安则中国安。十八大以来，随着中国经济实力的增强，中国在国际上的政治地位也越发重要。如何正确处理好与周边国家的关系，维护我国的政治经济利益，扩大国际影响力，是我国面临的重要课题和难题。

  要理解一个国家和一个民族，文化的理解是最基础的理解。为了加强睦邻友好，促进双边交流，我们结合自己的语言教学实践，选取"语言文化"这个视角，展开对我国周边国家的研究。在学术研究的征途上，年龄不分老少，起步不分早晚，只要不畏劳苦，肯付心血，持之以恒，那么耕耘必有收获，天道必会酬勤。

  传统上，外语学科的理论研究，不外乎语言学和文学这两个方向。近年来，教育转型和教学改革的趋势要求我们不能只满足于上述两个方向。面对新形势、新任务和新要求，必须不断拓展专业知识，提高自身素养和个人能力，及时地使自己的知识、能力得到更新和优化。于是我们尝试着进行了语言对象国语言文学之外的探索和研究，以期逐渐适应转型改革的需要，其中就不乏有关语言对象国的历史、文化、国情等方面的研究。书中所涉及的研究领域和研究方向比较广泛，内涵丰富，充分反映了大家在转型改革中艰辛而卓有成效的探索。

  本书的所有看法均为学者的学术观点，但由于认识水平和时间有限，一些观点可能显得有些粗糙且不够成熟。真诚感谢各位读者和同仁予以支持并欢迎对书中一些不足之处不吝赐教，以提高我们的研究水平。

编者
2022 年 11 月于南京

语言文学与文化研究

土耳其左翼文学对帕慕克的文学创作的影响
　　—— 兼议帕慕克对土耳其性的探索 ············· 李云鹏 / 003
韩语惯用形"에 관하다"与"에 대하다"的语义比较分析
　··· 王文哲 / 019
关于日语拟声拟态词的汉译研究 ····················· 殷志诚 / 031
菅原道真家书主题汉诗研究 ···························· 马凤超 / 039

学科建设与教学研究

日本防卫大学教育教学管理研究 ························ 曹　宇 / 047
缅甸语快速入门的教学探索与实践 ···················· 扈琼瑶 / 060
浅谈初级阶段泰语语音的学习难点及教学策略
　　—— 以 2020 级泰语组学生为例 ················· 黄心蕾 / 067

关于国内老挝语专业教材建设的现状分析及思考建议

　　·················· 邵文文 / 073

对印地语专业学生展开乌尔都语复语教学的探讨 ······ 郭　潇 / 081

历史与国情研究

暹罗朱拉隆功改革与中国戊戌变法之比较 ············ 龚益波 / 093

泰国政治背景下的新民主发展探析 ················ 王家榜 / 105

现代印度教改教运动"回家运动"研究 ············ 张少华 / 112

右翼民粹、反全球化与政党重组：美国与印度的案例比较

　　················ 张诚杨　高熙睿　陈　晞 / 128

战略与外交研究

东南亚地缘特征及对中国的战略意义 ··············· 汤禄斌 / 159

越南在澜湄合作机制中的表现 ···················· 宦玉娟 / 169

语言文学与文化研究

Studies on the Languages and Cultures of Neighbouring Countries

土耳其左翼文学对帕慕克的文学创作的影响

——兼议帕慕克对土耳其性的探索

李云鹏

【摘　要】 土耳其共和国成立以来的左翼文学是土耳其文学史上浓墨重彩的一笔,对帕慕克的文学创作产生了潜移默化的影响。近年来,帕慕克的创作逐步向左转,这体现在其创作的语言、主题、审美等诸多方面,尤其体现在帕慕克对土耳其左翼人物的文学形象塑造上。面对土耳其社会近年来的大幅右转,帕慕克表现出了一种对抗性的思考,这是帕慕克对现实土耳其性的超越乃至于新的建构,而其背后的原因则可归结为帕慕克文学创作、土耳其文学传统、土耳其现当代社会以及彼此之间的复杂映射与交互影响。

【关键词】 帕慕克　土耳其　左翼文学　土耳其性

费利特·奥尔罕·帕慕克(Ferit Orhan Pamuk)是土耳其文坛巨匠,2006年诺贝尔文学奖获得者,通常来讲,国内外学界大多认为帕慕克的文学创作受到苏菲主义、后现代主义、魔幻现实主义的影响,但事实上帕慕克的文学创作也受到近现代土耳其左翼文学的影响,这种影响是潜移默化却也是深入骨髓的,它深深融进了帕慕克文学创作的"土耳其性"之中。从土耳其左翼文学的视角出发,并且注意到这种文学思潮与近代以来土耳其社会发展变迁的关系,不失为认识帕慕克文学创作的一扇新窗口。帕慕克成长于20世纪70年代,时值土耳其左翼运动风起云涌之际,帕慕克也曾多次谈到年轻时自己曾加入过左翼组织,在帕慕克的不少作品中我们依旧能够觅得左翼思潮对其创作的有意识或无意识的影响。而近年来伴随着土耳其社会的集体右转，我们却在帕慕克的作品《我脑袋里的怪东西》与《红发女人》中捕捉到了愈发浓烈的左翼书写，体会到了愈发强烈的左翼思潮，这体现出了帕慕克对"新奥斯曼主义热"的冷思考以及其对"土耳其性"的独到思考。

一、土耳其共和国时期以来的土耳其左翼文学

土耳其共和国成立于 1923 年，成立伊始，土耳其共和国就得到了来自庞大近邻苏联的大力援助，与此同时，马克思主义以及社会主义思潮也深深影响了土耳其社会，土耳其国父凯末尔的建国思想"六大原则"中的"人民主义""国家主义"等不少要素其实正是借鉴了社会主义思想。自凯末尔时代一直到如今的埃尔多安时代，尽管存在高潮与低谷，但社会主义思潮自始至终都是土耳其社会中的一股重要思潮。其中二十世纪六七十年代的土耳其工人党（TIP）及其曾经领导的学生、工人运动曾经在土耳其政坛留下了浓墨重彩的一笔。不夸张地讲，以社会主义、马克思主义思潮为代表的左翼思潮塑造着土耳其的社会，也深刻地影响着土耳其文学。

土耳其左翼文学最早产生于 19 世纪末 20 世纪初的土耳其民族独立战争时期。从国际环境看，世界主要资本主义国家已进入了帝国主义阶段，土耳其的近邻俄国爆发了举世震惊的无产阶级领导的十月革命。而从土耳其国内看，土耳其国父凯末尔的家乡萨洛尼卡①出现了一股带有反帝反封建色彩、宣传土耳其民族主义的名为"青年之笔"（Genç Kalemler）的文学运动，这场文学运动对共和国建立之初的土耳其文坛产生了重要影响，此后土耳其诞生了大批宣传、赞美土耳其民族主义的文学作品②。这里面就包括凯末尔的挚友、土耳其作家亚库普·卡德利·卡拉奥斯曼奥卢（Yakup Kadri Karaosmanoğlu），土耳其著名小说家穆罕默德·阿基夫·埃尔索伊（Mehmet Akif Ersoy），亚赫亚·凯末尔·贝亚勒（Yahya Kemal Beytalı），土耳其女作家哈丽黛·艾迪普·阿迪瓦尔（Halide Edip Adıvar），亚沙尔·凯末尔（Yaşar Kemal），等等，这些作家或是讴歌了民族独立战争时期（İstiklal Savaşı）的英雄人物与土耳其人民的斗争精

---

① 今属希腊塞萨洛尼基。

② Talat Sait Halman, Osman Horata. Türk Edebiyatı Tarihi. Istanbul: T.C. Kültür ve Turizm Bakanlığı Yayınları, 2006：990-1192.

神,或是描绘了共和国初期的火热生活,对于土耳其民族意识的觉醒与凝聚意义重大①。直到1938年凯末尔的逝世,这一时期的文学被称为土耳其文学的"阿塔图尔克时代"②。阿塔图尔克时代的土耳其文学带有浓郁的民族主义色彩,在特定的历史语境下它往往无意识地带有反帝反封建属性,在土耳其民族民主主义革命的历史进程中发挥了重要作用③,也同样是土耳其左翼文学的开篇。

从主题看,阿塔图尔克时代的土耳其文学作品有四个特点:其一,是现实主义小说是文学创作的主流,并且小说题材基本都是反映新生共和国热火朝天的建设与生活,作品通常流露出对新生民族国家的热爱与自豪,并表现出反帝与反封建的战斗精神。其二,对阿纳多卢民间文学的继承性以及对阿纳多卢地区淳朴的土耳其民族精神品格的追思与向往。其三,反映新的社会群体的精神面貌,比如工人阶级的形成、农民阶级的转变等。其四,由"帝国"到"共和"的过渡而带来的国族身份认同的定位与反思。从艺术手法上看,这些作品有两个特征:一是小说的语言通俗、爽朗;二是带有一定的革命话语体系,小说的故事情节通常是"正义"与"邪恶"的二元对立,并且最后的胜利者也都为正义的一方。这些小说或是直接以现实为写作素材,或是具有较强的现实隐喻性。在此,有必要提及两位作家及其作品。

其一是作家亚沙尔·凯末尔。凯末尔的作品开创了土耳其现实主义小说的先河,其作品文风淳朴而又深切民瘼。亚沙尔的代表作是长达3 000多页的现实主义长篇小说四部曲《瘦子麦麦德》(İnce Memed)。小说中,亚沙尔以阿纳多卢农村青年麦麦德为依托,生动、形象地反映出了当时阿纳多卢地区人民的生活与精神风貌。小说中的男主人公麦麦德是一名阿纳多卢农村地区的贫苦男青年,他和与其处境相似的一波青年人同村里压榨贫农的地主、帝国主义侵略军、巧取豪夺且盘剥百姓并与政府勾结的高利贷奸商展开了一系列的英勇斗争。最后麦麦德们不得已落草为"寇",成

---

① Belge Murat. Genç Kalemler and Turkish Nationalism. // Kerslake. C.Turkish Engagement with Modernity Conflicts and Changes in the Twentieth Century. N.Y.: Palgrave Macmillan, 2010:26-38.

② 土耳其国父凯末尔在土耳其又被尊称为阿塔图尔克(Atatürk),其字面意思为土耳其人的祖先。

③ Erdağ Göknar. Between Ottoman and Turk: Literary Narrative: The Transition from Empire to Republic. Seattle: Washington University, 2004.

为一群绿林好汉，他们的目标也不再仅仅是为自己的亲人们复仇，而是希望能够打破那到处是压迫与剥削的旧社会制度。小说也从侧面反映了不少婚恋、宗教、丧葬、饮食、衣着等阿纳多卢地区的文化风俗。小说的文笔非常优美，既有阿纳多卢民间文学的清爽，又夹杂有迪万诗学的风韵，还兼备苏俄现实主义小说的深刻。《瘦子麦麦德》在革命史语境下探讨了土耳其广大农村地区的土耳其性问题，是共和国初期土耳其左翼文学中具有里程碑意义的作品。

其二是土耳其著名左翼诗人纳齐姆·希克梅特（Nazlm Hikmet）。希克梅特是土耳其著名左翼爱国诗人，20世纪20年代初，希克梅特曾赴莫斯科东方大学学习，后亲赴前线参加了土耳其民族独立战争。战争期间，希克梅特创作了一系列以讴歌土耳其民族战斗精神以及反对帝国主义侵略为主题的诗歌。独立战争后，希克梅特加入了土耳其共产党并以更高的热情投入诗歌创作中，此后，希克梅特的诗风日臻成熟，创作了大量经典的诗歌作品。其诗歌底色是现实主义的，但又不乏浪漫主义的点缀，因而具有很强的表现力。其作品曾在土耳其引发轰动，并对土耳其现代诗创作产生了革命性的影响。他的诗歌常常宣扬共产主义思想并深刻揭露近现代土耳其社会的阴暗面与广大劳动人民的疾苦。20世纪50年代，希克梅特被独裁的右翼民主党政府定为"叛国罪"，为了免遭政府的进一步迫害，希克梅特最终被迫流亡苏联二十余年，直至去世。但在希克梅特逝世45年后的2008年，时任土耳其总统居尔在强烈的民意呼声与国际社会的压力下恢复了希克梅特的土耳其国籍[①]。希克梅特的墓碑很有寓意，石碑上雕刻着中年希克梅特塑像，塑像中希克梅特目光坚毅，步履铿锵，手握书稿，逆风而行，这是对希克梅特一生革命战斗精神的最好诠释。

土耳其共和国建立之后相当长的岁月中，社会主流意识形态只有凯末尔主义一种声音。与此同时，宗教的、族裔的、阶级的、身份的诸多政治诉求与文学表达被强力压制。但客观事实是土耳其共和国并非一个凭空产生的凯末尔主义乌托邦，它建立在一个融合了二十多个民族、地处欧亚大陆文明结合部的庞大帝国废墟之上。在经历了阿塔图尔克时代漫长的压制后，尤其是20世纪60年代在民主党政府被推翻之后，土耳其思想界迎来了新一轮的争鸣。首先就是文学领域。社会的混乱、思想的撞击、情感的

---

① 2000年，超过50万土耳其人联名签署请愿书要求政府恢复希克梅特的土耳其国籍，帕慕克也是其中之一。联合国教科文组织将2002年定为"希克梅特年"，2009年时任土耳其总统居尔宣布恢复希克梅特的土耳其国籍。

迸发让文学成了"试验田""传话筒",作家们试图用文学完成对现实政治的超越,而左翼文学又成了文学中的急先锋、思想界的弄潮儿。左翼作家们经常受到来自现实政治的强力压制,谋杀、流亡、爆炸、威吓对于左翼作家而言并不是罕见的事情。用帕慕克作品中多次出现过的或是间接影射的一句话来描述这种状况很合适,即"在土耳其,作家是一个危险的职业"。在帕慕克的作品中,我们经常会看到一种来自现实政治的"无意识",即帕慕克笔下的土耳其社会总不乏阴谋、冲突、暗杀等特征,这尤其体现在帕慕克近年来的新作中。

步入 20 世纪 50 年代后,此时的土耳其社会中,虽然凯末尔主义依旧是社会主流的价值观,但是社会主义思想也已在土耳其社会扎根;受中东伊斯兰复兴运动政治思潮的影响,带有伊斯兰色彩的政党开始频繁登上土耳其政治舞台;土耳其社会一次次陷入"左"和"右"的撕裂,社会的政治思潮更加复杂,意识形态斗争日趋激烈,土耳其社会时常爆发械斗与政变。作家艾哈迈德·哈姆迪·坦皮纳尔(Ahmet Hamdi Tanpınar)的系列小说最能深刻地揭示这种意识形态层面的冲突、混乱与彷徨。坦皮纳尔的创作高峰虽然是在二十世纪五六十年代,却对 20 世纪 80 年代后土耳其文学作品中的土耳其性影响深远。小说《时间调校研究所》(Soatleri Ayarlama Enstitüsü)中,在伊斯坦布尔一家钟表调校所工作的哈伊利认识了社会上各色背景、不同阶层的人物,他们之间发生了一系列光怪陆离的交集,小说结尾引出了一个发人深省的时代之问,即如何在土耳其日趋复杂的社会意识形态中发现土耳其的未来之路,究竟什么才是土耳其性?由此衍生的一个问题是土耳其的左翼知识分子、小资产阶级、学者如何在复杂的意识形态斗争中探索适合自己国情的道路?这一时期的土耳其左翼文学可以被大致划分为两类:一类是与当时土耳其轰轰烈烈工人、学生运动密切相关的纪实文学;另一类则是以希克梅特的作品为代表的带有革命浪漫主义色彩的诗歌文学。尤值得一提的是,不少左翼青年组织都成立了诗社,青年帕慕克就曾参加过。

20 世纪 80 年代后左翼作家、批评家阿提拉·伊尔汉(Attila Ilhan)、凯末尔·塔赫尔(Kemal Tahir)的作品也颇具代表性。他们试图将马克思主义、凯末尔主义与民族主义思想相结合,并以小说创作为试验田,这种尝试为作家们的创作提供了新的视角。在 20 世纪 70 年代轰轰烈烈的左翼运动归于平静之后,土耳其的左翼作家们开始思考如何在当代土耳其社会中探索属于自己国家的发展道路，尤其是土耳其社会在持温和伊斯兰理念的正义与发展党（正发党）带领下逐步右转的大背景下，土耳其左翼作家们的思考显得尤为可贵，他们的探索对于维持土耳其性的平衡以及促进土耳其社会的发展意义深远。

二、帕慕克文学作品中的左翼人物形象

在小说《红发女人》《杰夫代特先生》《寂静的房子》《我脑袋里的怪东西》《雪》等作品中，帕慕克从不同角度、不同程度着墨，刻画了一些20世纪60至80年代土耳其社会中的马克思主义革命者形象。现实中，从20世纪20年代土耳其共产主义小组刚刚成立之时的星火燎原，到20世纪60年代土耳其工人党（TIP）所领导的轰轰烈烈的工人运动与议会斗争，再到如今土耳其共产党（TKP）依旧在土耳其政坛发出时代之声，马克思主义者们的文学形象在土耳其文坛占有重要的一席之地并往往以革命者、战斗者的姿态呈现出来，带有土耳其特定历史时期的血色浪漫与时代印记。帕慕克年轻时曾参加过校园左翼组织，亲身经历加之其个人对土耳其性的独到思考，让帕慕克笔下的左翼文学人物形象显得丰满而生动。

在小说《红发女人》中，帕慕克开篇就刻画了一位马克思主义者，即杰姆的父亲。杰姆的父亲在20世纪60年代曾加入了一个名为"毛主义者（Maocu）[①]革命家园"的左翼组织，后又加入莫斯科派。由于当时土耳其社会严峻的政治斗争形势，杰姆的父亲经常不能回家，有时甚至是神秘失踪，也正是杰姆父亲的失踪才引发了小说的主要故事情节。小说的女主人公红发女人年轻时也曾加入过左派组织"毛主义者革命家园"，并在组织生活中与杰姆的父亲相识相爱。

小说的第二部分写到了多年以后已经长大了的杰姆带着自己的妻子谢瑞与父亲重逢时的场景，此时的杰姆事业上已小有成就，而父亲则早已退出了左翼组织。在杰姆的印象里，父亲一直是一种英姿勃发、彬彬有礼的形象，他激情澎湃却又不失温文尔雅。但是如今的父亲却"行动迟缓，弯腰驼背"，他在和自己的儿媳讲话时竟然还和自己的情妇讲着一些荤段子，杰姆对他颇感失望，伤心感慨道"最糟糕的是他显然已经失去了往日的神

[①] 20世纪60年代受当时世界社会主义阵营中中苏决裂的影响，土耳其社会的马克思主义政党分为两派，即支持苏联的莫斯科派与支持中国的毛派，后者在土耳其被称为Maocu。参见：李云鹏. 土耳其工人党研究. 世界社会主义研究，2018(7):62-70.

采"①。

  帕慕克在作品《红发女人》《我脑袋里的怪东西》《寂静的房子》《杰夫代特先生》中还塑造了土耳其工人党人形象，比较有代表性的有《寂静的房子》中的女党员倪尔君与《寂静的房子》中的哈桑。土耳其工人党在 20 世纪 60 年代是土耳其社会中一股重要的政治力量，它领导了大量工人、学生运动，并一度通过议会选举夺得了土耳其部分地区的政权。1968 年土耳其工人党第三次党的全国代表大会后，工人党高层陷入了民族民主革命与民主社会主义的路线分歧，随后党开始出现分裂与瓦解。土耳其 1970 年政变的一个重要因素就是以工人党为先锋的左翼政治派别与以正义党（Adalet Partisi）为核心的带有伊斯兰与民族主义色彩的右翼政治派别的冲突。1970 年政变后工人党受到了政府的沉重打击，并逐步退出了历史舞台，但其思想却对今天的土耳其共产党产生了重要影响，杰姆父亲的形象在一定程度上也是源自 20 世纪 60 年代的土耳其工人党。

  在小说《我脑袋里的怪东西》的前半部分章节中，帕慕克塑造了一位名为"骨骸"的左派教师形象。"骨骸"是阿塔图尔克男子高中的副校长，也是左派教师的领袖。"骨骸"这一人物形象，在文中我们看不到任何关于他的年龄、外貌、甚至是性别的描写，但是能真切地感受到 20 世纪 60 年代土耳其社会左派人物那夸张的人格张力。"骨骸"组织了一支小型"无产阶级"军队，他的军队构成人员都是学校的工人，包括清洁工、门卫、烧锅炉的工人、煮奶粉的工人等等，他指挥这支无产阶级军队袭击了学校墙外的"小资产阶级"小贩，战斗非常激烈。同时"骨骸"认为学校的教育可以弥补阶级之间的贫富差距，但是目前学校的教育却几乎完全让那些来自阿那多卢的小贩的穷孩子们所占领，这些学生们并不能认真完成学业，其结局基本是被学校开除，沦为街头小贩。"骨骸"还认为这些穷孩子占据了学校的教育资源，而工人、律师、医生的孩子们却得不到应该有的教育，这种现象阻碍了社会的进步，也正因如此，"骨骸"对那些街头小贩很是痛恨并最终发动了对他们的袭击。上述两件事其实表明了"骨骸"对于土耳其社会阶级问题的认知，从中可以看出，"骨骸"并不是一个科学社会主义者，他对土耳其社会中的阶级认定与划分很大程度上来源于当时的共和人民党（CHP），而这两个事件一定程度上是帕慕克对如今几乎已被遗忘的 20 世纪 60 年代历史细节的再现。

---

① Orhan Pamuk. Kırmızı Saçlı Kadın. İstanbul: Yapı Kredi Yay，2016：162.

帕慕克笔下的这些马克思主义者身上都表现出某些共同的特质。他们都是理想主义者，他们都认为自身肩负着要去改变社会的使命感，并具有一定的战斗精神。

"骨骸"与杰姆父亲的人物形象都指向同一个现实原型，即20世纪60年代末在土耳其家喻户晓的左翼青年运动的领导人、马克思列宁主义革命家丹尼兹·格兹米什（Deniz Gezmiş）（1947—1972），格兹米什同时还是土耳其"人民解放军组织"（THKO）的创始人。格兹米什1947年出生于安卡拉，1965年曾加入土耳其工人党（TIP），1966年考入伊斯坦布尔大学法学院，并逐渐成为工人党在伊斯坦布尔地区以及伊斯坦布尔大学学生运动的骨干。格兹米什在伊斯坦布尔大学期间曾经领导过轰轰烈烈地反对美国第六舰队访问伊斯坦布尔的活动，并遭到了当局的逮捕。1969年，格兹米什被大学开除，因为他主张以强硬手段与土耳其执政当局对抗，他的政治理念与当时土耳其工人党领导层形成了很大分歧，他离开了土耳其工人党。后来格兹米什到了巴勒斯坦参加游击队，并在1971年回国后创立了土耳其"人民解放军组织"，他主张暴力推翻作为美帝国主义走狗的土耳其政府的统治，并逐步开始了愈发激进的政治活动。1972年，格兹米什被捕入狱，土耳其政府对他颇为害怕，并打破了开国总理、第二任总统伊诺努所定下的"政治犯不判死刑"的政治传统，将格兹米什判处死刑。临行刑前，格兹米什曾高呼："独立的土耳其万岁！马克思列宁主义万岁！土耳其人民与库尔德人民万岁！工人万岁！农民万岁！帝国主义下地狱吧！"这一幕被土耳其《共和国报》的记者用相机记录了下来，并成为共和国现代史上经典的一幕。格兹米什牺牲时年仅25岁，他的事迹曾让一个时代的土耳其青年潸然泪下，他也被称为土耳其的切·格瓦拉。

在二十世纪六七十年代，数百万的土耳其青年投身到了左翼运动之中。格兹米什牺牲时的1972年，整个中东的左翼青年都为这个土耳其的切·格瓦拉潸然泪下，而1972年帕慕克刚好20岁，他曾经参加过伊斯坦布尔大学的左派马克思主义学生组织，甚至还为1971年伊斯坦布尔的工人大罢工写下过随笔[1]。我们不难想象格兹米什之死会在青年帕慕克的内心产生何种的波澜，"骨骸"与格兹米什都是英年早逝，在帕慕克的心中他们永远是那青春的形象，并不是因为他们死去时的年纪，而是因为他们死于浪

---

[1] Michael D. McGaha. Autobiographies of Orhan Pamuk: The Writer in His Novels. Salt Lake City: University of Utah Press, 2008:235.

漫的理想主义中，这也就解释了为何杰姆印象中的父亲是那样的英姿勃发，而几十年之后，面对那苍老苟且生活的父亲，他相逢、相识却无法相认，正如小说中帕慕克不止一次提及的那般，年幼时杰姆认为自己的父亲就已经死了。时至今日，帕慕克依旧不时回忆起他青年时代在左翼组织参加活动的岁月，并认为那段岁月代表着他自己的激情与青春①。

在帕慕克创作小说《我脑袋里的怪东西》与《红发女人》期间的2010年，土耳其数万名工人齐聚首都安卡拉抗议政府对工人权利的剥削以及对工会领袖的逮捕；2013年土耳其伊斯坦布尔、安卡拉等地一度爆发了轰轰烈烈的左翼运动，近千万人走上街头抗议长期以来正发党政府的腐败、高失业率与经济停滞，其中参加抗议的大多数都是青年学生与青年工人，他们用实际行动有力表达了自己对政府政治上的伊斯兰保守主义与经济上的新自由主义政策的不满。不少青年还打出来当年土耳其工人党的旗帜，场面一度让人想起二十世纪六七十年代的左派政治团体的聚会。2013年，帕慕克在接受媒体采访时委婉地表达出对埃尔多安政府右翼倾向的不满，他还特意谈到了左翼与自由问题。在2017年，帕慕克到柏林参加了一场从土耳其流亡到德国的左翼政治人士以及他们后代所主办的读书会，这些人大多数是二十世纪七八十年代流亡到德国的。这些现实与历史的复杂因素也导致帕慕克在自己2014年后的两部新作品中浓墨重彩地刻画了"骨骸"与杰姆父亲这两个马克思主义者人物形象。

帕慕克在对左翼人物形象的塑造中也融入了自己的情感、经历与认知。年轻时的帕慕克也曾参加过左翼组织，杰姆的父亲、"骨骸"都承载着他自己的记忆。虽然土耳其轰轰烈烈的左翼运动在20世纪70年代后都逐步消失在了历史舞台，但那段激情燃烧的岁月却是帕慕克这一代人永远无法忘怀的。这些人物形象带着现实政治的波诡云谲，带着对土耳其世俗化进程的迷人哲思，亦带着浪漫主义的革命理想。但是，在帕慕克笔下，这些左翼人物的浪漫主义理想是带有血色的，如："骨骸"组织"军队"对街头小贩的袭击；文中不时出现的左翼组织所参与的绑架、暗杀；杰姆的父亲所在的"毛主义者革命家园"与莫斯科派的斗争……文中的上述描述并非子虚乌有，在20世纪60年代末的土耳其社会经常发生左翼组织参与的暴力恐怖活动，绑架、暗杀、街头械斗都是常态，帕慕克并不认可这些暴

---

① Michael D. McGaha. Autobiographies of Orhan Pamuk: The Writer in His Novels. Salt Lake City: University of Utah Press, 2008:236.

力活动，因而在对"骨骸"、杰姆父亲形象塑造时，我们能时不时地从中感受到一种压抑感。简言之，在作品中，尤其是在近年来的两部新作《我脑袋里的怪东西》与《红发女人》中，帕慕克在向读者传递这样一种观点，即二十世纪六七十年代在土耳其文化土壤中所孕育的这段左翼文化理应得到更多的关注而非被当今的主流历史书写选择性遗忘。

在帕慕克1990年的小说《黑书》中"卡夫山上的来信"一节中，帕慕克描述了17世纪的阿纳多卢莫拉维派拜克塔什教团[①]部分信众对奥斯曼官方逊尼派宗教压迫的反抗。对此，学者郭克纳尔认为帕慕克的这一情节是在借古讽今，即以17世纪的拜克塔什教团比喻20世纪70年代后土耳其社会中的马克思主义者，以奥斯曼官方逊尼派宗教比喻20世纪70年代后的土耳其政府[②]。在《黑书》中，帕慕克以小说中的贝克塔什教团影射20世纪70年代的马克思主义者；而在《红发女人》与《我脑袋里的怪东西》中帕慕克笔下的20世纪60年代社会中的马克思主义者，还影射了当今土耳其社会的左翼运动。

三、帕慕克创作向左转与"土耳其性"

近年来，帕慕克的作品《红发女人》《我脑袋里的怪东西》以及《我是一棵树》的文风、语言、主题与其前期的作品相较发生了不少变化，如

---

① 拜克塔什教团在13世纪末由呼罗珊人哈吉·拜克塔什（Hajji Baktash Veli）创立。蒙古人西征后，该教团随着塞尔柱突厥人进入阿纳多卢地区并在当地传播和活动，它最初是乡村教团。16世纪末，奥斯曼帝国苏丹穆拉德一世建立的童子军团加入该教团后，其势力大增。1826年童子军团被当局取消，拜克塔什教团随之衰落。帝国正统宗教逊尼派宣布该教团为"异端组织"，教团被迫解散，修道院被毁，财产被移交给纳格什班迪耶教团，有的成员被放逐，或转入其他教团。由于该教团扎根于乡村，其组织解散后便转而采取秘密活动的方式保存下来，其影响依然存在。19世纪中叶，帝国政府的坦齐玛特改革放松了对非官方宗教的管控（也有部分历史学家解读为帝国世俗机构想以此改革会制衡势力愈大的正统逊尼派）。该教团正式得到恢复并获得广泛传播；该教团的教义比较复杂。为了免遭迫害，它自称为逊尼派教团，但实际上保留了突厥人古老的信仰传统并深受什叶派的侯鲁菲（Hurufi）派和基督教的影响。它对阿里家族十分崇拜，故又被称为什叶派教团。它相信十二伊玛目，视穆罕默德·阿里为安拉在大地上的代理人。在宗教仪式上，不完全遵守伊斯兰教法和礼拜仪式，妇女礼拜时不戴面纱，有些信徒还信奉独身主义。

② Erdağ Göknar. Orhan Pamuk, Secularism and Blasphemy: The Politics of the Turkish Novel. London: Routledge Talor Francis Group, 2013: 222, 223.

帕慕克创作初期作品辞藻华丽，主人公多是社会中上层人物，而近年来的新作却语言朴实，且主人公多为社会底层与边缘的小人物，前期帕慕克的作品更倾向于关注宏大的历史事件，而当下却更多着墨于市井百姓生活，这一定程度上体现出了帕慕克创作的现实主义转向或是一种左转向，而其背后的原因则涉及帕慕克文学创作、土耳其文学传统、土耳其现当代社会以及彼此之间的复杂映射与交互影响。

加拿大文学批评家诺思罗普·弗莱（Northrop Frye）曾论述过文学与其他人文科学之间的联系，他认为文学位于史学与哲学之间，作家的作品本身并没有一套完整的知识体系结构，因而需要读者或批评家在史学家的知识体系下探寻历史事件，在哲学家的知识框架下解读思想①。马克思、恩格斯在《德意志意识形态》(1845—1846)、《<政治经济学批判>序言》等著作中对"意识形态"进行思考时，深刻地剖析了文学与社会学、历史学的关系。马克思认为文学是上层建筑的一部分，但它不仅仅是一种被动的反映，而是对历史与社会有着积极的影响。俄国马克思主义批评家普列汉诺夫指出，一个时代的社会精神是由一个时代的社会关系决定的，而这种精神在文学的历史中是最为明显的。普列汉诺夫认为，作家通过塑造文学人物，表现出历史的"个性"而不仅仅是作品中人物的个性，文学创作的一个重要主题应该是表现在经济基础中成长起来的社会关系。艺术就是社会现象的一种②。尽管我们并不否定帕慕克作为一个诺奖级作家在创作中所能充分发挥的主观能动性，但帕慕克终究是一个生活在土耳其社会中的人，其创作也不可避免地带有"历史的个性"与"时代的胎记"，而这种"历史的个性"与"时代的胎记"其实就是近现代土耳其社会的"土耳其性"。19世纪土耳其的坦齐玛特（Tanqimat）改革以来，政治、文学与"土耳其性"的关系就是一种动态的、水乳交融的复杂关系，与之相伴的土耳其现当代文学的发展与土耳其社会的现代化进程也是一种动态、相互交织、互为因果的复杂关系。其原因既有基于历史层面的奥斯曼帝国的政治文化传统，又有基于现实层面的现当代土耳其社会书写的剧烈转向。文学作品从创作到消费本质上属于一种社会文化过程，它描绘社会风貌，反映社会思潮，文学作品的主题往往能直面许多社会问题，而这一过程受到一定的社会关系的制约，但同时它又能实现对现实政治的超越，即文学与政治会

---

① 弗莱. 批评的解剖. 陈慧，袁宪军，吴伟仁，译. 北京：百花文艺出版社，2006:38.
② 陶梦. 普列汉诺夫文艺批评思想的核心所在. 外国文学研究，1985(4):143.

达到一种微妙的动态平衡。作家们文学创作中的"土耳其性"不仅仅能够反映社会的主流"土耳其性",也能够超越并引领这种属性。

20世纪80年代土耳其厄扎尔政府执政后,土耳其社会迎来了历史转折。在经济领域,土耳其在自由主义市场经济的道路上发展迅速,但阶级贫富差距日益增大,土耳其青年人的失业率不断升高。在社会领域,伴随着中东地区的伊斯兰复兴主义浪潮,土耳其社会中温和伊斯兰理念正拥有着越来越广泛的社会基础,族群隔阂日益明显,社会极化逐步凸显。而到了2003年正发党执政后,土耳其社会加速了向右转的步伐,正发党控制的土耳其议会不断推动保守法案,从网络、服饰、教育、行政等多个方面强化伊斯兰色彩。此外,土耳其社会中腐败问题、失业率问题不断凸显。2013年土耳其发生了加齐公园骚乱;2016年土耳其发生了未遂政变;2017年土耳其举行了修宪公投;2018年正发党与右翼民族主义色彩浓厚的民族行动党结成政治同盟……新奥斯曼主义在土耳其国内掀起的热浪一浪更比一浪高。

帕慕克在《别样的色彩》中敏锐地捕捉到了土耳其人民族心理变化——"1998年我回家探亲时发现,大家开始异口同声地诅咒欧洲,无论是电视机前嘟嘟囔囔长辈亲戚,还是他们的孩子——那些已经成为中产阶级的富人,他们掌握着土耳其大部分的财富,曾一度喜欢去伦敦或巴黎购物。大家对欧洲的兴趣似乎不复存在了。类似地,我童年时大家身着夹克参加假日聚餐,但现在夹克与领带似乎正在消失。过去的一个世纪里,我们对西方的认知中,或许只有愤怒是真实的"[1]。"童年时,人们推崇欧洲的文明,推崇欧洲的服装、音乐与文学。但现在,欧洲却已经是罪恶的源泉。"[2] 帕慕克的这两段文字毫不掩饰地表现出了21世纪初土耳其社会中以新奥斯曼主义为代表的一种狭隘的民族主义情绪的抬头,并且这种民族心理的变化是整体性的,无论是老年人还是青年人,富人或是穷人,他们都表达出了"真实的愤怒"。

更进一步地,帕慕克对土耳其社会近年来的大幅右转表现出了担忧与不安。帕慕克非常担心长此以往,21世纪的"土耳其性"将会变成"新奥斯曼性"。帕慕克是一个有社会责任感并有着重要社会影响力的作家,帕慕克的作品在展现土耳其民族之美时也并不排斥其中丑陋的一面,有时

---

[1] Orhan Pamuk. *Öteki Renkler*[M]. İstanbul: Yapı Kredi Yay, 2013:251.

[2] Orhan Pamuk. *Öteki Renkler*[M]. İstanbul: Yapı Kredi Yay, 2013:253.

甚至直击当下土耳其社会的痛点。帕慕克还一度因为其涉及有关亚美尼亚的言论以"侮辱土耳其国格罪"（Insulting Turkishness）被土耳其右翼分子送上了法庭[①]。而帕慕克近些年来也在一直思考该以何种方式去回应土耳其社会的右转，而这种方式则一定程度上体现在其创作风格向左转，帕慕克希望以自己的方式去表达自己对"土耳其性"的理解乃至新的建构。基于此，帕慕克作品中的"土耳其性"意味着帕慕克带有理想主义的重构，是他对现当代土耳其社会思潮的新探索，亦是他所期待的一种对现实政治的超越。帕慕克的新作小说《红发女人》就是一个典型。2015年帕慕克出版了新作《红发女人》，该作品中帕慕克阐释了两对父子关系与一对师徒关系，即主人公杰姆与其子恩威尔、杰姆与其父亲、杰姆与其师傅马哈茂德的关系。这些父子、师徒关系并非我们想象中的温馨融洽，反而对抗与猜忌、愤怒与抱怨、反叛与压制一直是主旋律。在小说第一部分的结尾，杰姆来到井边，却见不到师傅马哈茂德，马哈茂德此时已意外坠井死亡，但杰姆此时尚不知晓。在对师傅的搜索中杰姆逐渐意识到师傅可能已经意外死亡，他先是懊悔，而后害怕，不过马上又有了新想法，"我决定让马哈茂德师傅死掉，好让罪过无法挽回"。他随即选择了逃离而不是尝试去救马哈茂德，这也成了此后杰姆一生中内心都挥之不去的一块阴影。马哈茂德平时对杰姆颇为严苛，他是杰姆去寻觅红发女人的最大障碍，因此师徒二人的关系一直颇为紧张。"父权"一直是《红发女人》的主题词，帕慕克把《俄狄浦斯王》与《列王纪》的故事进行了非常详细的描述与演绎。同样杰姆与其父亲的关系也处于一种冰冷与紧张的状态，少年时杰姆寻父亲而不得，当中年重逢二人相识却又不愿相认，而最具有讽刺意味的是小说结尾杰姆竟死于其子恩威尔的枪口之下。

帕慕克《红发女人》中的"父与子"主题实则是隐喻当下土耳其社会中现实政治与作家，尤其是左翼作家的关系。马哈茂德这个名字其实就是奥斯曼帝国第三十位苏丹的名字，这是一名在土耳其近代史上颇有名气的强势苏丹，而杰姆则是一个带有世俗色彩的名字，帕慕克对人物的精心命名具有象征意味。"马哈茂德"是在暗示土耳其政府当今的新奥斯曼主义倾向，甚至有部分批评家认为马哈茂德的原型其实是当今土耳其总统埃尔多安。而值得一提的是，无论是杰姆还是恩维尔年轻时都曾经参加过土耳

[①] 2006年，土耳其检方以帕慕克的言论触犯了刑法第301条中的"侮辱土耳其国格罪"而对帕慕克提起诉讼，后在法国政府及国际笔会的协调下撤诉。

其的左翼组织，文中的两对关系中还都有一个共同的情节指向——"子弑父"：马哈茂德死于杰姆的疏忽；杰姆死于恩威尔的仇恨。这种带有隐喻色彩的指向暗示着左翼文学对现实政治的反抗与超越。帕慕克在2014年后接受记者采访时一直在强调作家（主要是世俗派、左派作家）的创作自由正受到土耳其政府愈发强烈的压制，他对此感到深深的忧虑。帕慕克表示，不到5年内土耳其已经有20多名左翼记者被杀害，许多作家、艺术家与音乐家同帕慕克一样因触犯第301条款而被起诉[①]。上述现象使读者不由地联想到专制苏丹阿卜杜勒·哈米德二世的独裁统治。对于在新奥斯曼主义的狂热情绪中越陷越深的土耳其社会而言，对于一个即将发生变质的土耳其性而言，帕慕克在《红发女人》中的反思与控诉不仅具有深刻的现实关怀，更具有时代战斗的色彩。帕慕克对现实土耳其性的超越注定会是艰难的，而其新的建构甚至需要其用系列作品去阐释。与此同时，不少土耳其人也会以一种复杂而敏感的眼光看待帕慕克及其作品，自然不乏不满乃至愤怒：狭隘的右翼民族主义者曾焚烧帕慕克的书稿；右翼的议员曾对帕慕克提起诉讼；甚至有人给帕慕克寄去死亡威胁信……

2016年来，土耳其社会掀起了一股"奥斯曼帝国热潮"，反映帝国时期风貌的通俗史《帝国最漫长的世纪》（İmparatorluğun en Uzun Yüzyılı）、电视剧《伟大的世纪》（Muhteşem Yüzyıl）与《君主》（Paytaht）都在土耳其社会引发了热议，后两者还被译成了阿拉伯文在卡塔尔半岛电视台热映。《君主》中，专制苏丹阿卜杜勒·哈米德二世被塑造成了反抗西方侵略与犹太复国主义运动的急先锋与捍卫伊斯兰世界的加齐（Gaqi）。《伟大的世纪》中那个腐朽的、正在分崩离析的帝国则被塑造成了反抗侵略者与中东保卫者的形象。在2018年阿卜杜勒·哈米德二世逝世100周年之际，不少土耳其诗人，甚至埃及、叙利亚诗人都纷纷缅怀这位早已被丢入历史垃圾桶的"废帝"。其中，埃及历史学家穆罕默德·哈尔布曾将哈米德二世的回忆录翻译成了阿拉伯文并获得了土耳其总统埃尔多安亲自颁发的土耳其纳吉布文学奖……面对上述右倾化的民族文化心理转向，帕慕克选择了更为有力与直接的对抗性左翼历史书写。据悉，帕慕克2021年的新书《疫情之夜》（Veba Geceleri）正是以

---

① Orhan Pamuk. I Have Spent Six Years writing the Book, But the Journalists Only Care About Politics and Islam(Intervie wtith Marry von Aue). the World Literature Today. (2015-10-29) [2018-02-09].https://www.the world literature today.en/newsDetail_forward_1390325.

奥斯曼帝国末年专制苏丹阿卜杜勒·哈米德二世统治时期为小说的背景，在小说中，帕慕克直接以哈米德二世时期的奥斯曼帝国社会来隐喻当今土耳其社会，以哈米德二世来隐喻土耳其总统埃尔多安，而小说的主人公则是一名具有反抗精神、救死扶伤的社会底层医生。这样的主人公设置或许表现了帕慕克对治愈当下正在发生右转的土耳其性的理想主义情怀，但又或多或少透露出一种对现实的无力感。

四、结语

帕慕克的文学创作始于20世纪70年代，其创作风格也经历了一系列的嬗变。整体而言，帕慕克并不能被视为一名左翼作家，但无论从主题、语言、人物以及创作技巧方面看，其文学作品中的左转倾向日益明显，即面对日益右倾化的民族文化心理，面对土耳其社会中的阵阵新奥斯曼主义的热浪，面对一个即将发生质变的土耳其性，帕慕克希望自己的文学作品以一种左翼的对抗性的姿态呈现在世人面前，即帕慕克文学创作的左转在一定程度上体现了帕慕克对现实土耳其性的反抗与超越，并带有帕慕克理想主义的新建构。不难预计，在当下土耳其的政治背景下，帕慕克的文学创作将会呈现出愈发浓郁的左翼色彩。

参考文献

[1] 杰木乃兹. 阿多诺：艺术、意识形态与艺术理论. 栾栋, 关宝艳, 译. 广州：中山大学出版社, 2018.

[2] 李云鹏. 奥尔罕·帕慕克文学作品研究：基于"土耳其性"的思考. 郑州：战略支援部队信息工程大学博士学位论文, 2020.

[3] 李云鹏. 土耳其工人党研究. 世界社会主义研究, 2018(7):62-70.

[4] 刘春元. 土耳其共产党对社会主义的探索. 当代世界与社会主义, 2010(5):67-71.

[5] 王晓路. 西方马克思主义文化批评研究. 北京：北京大学出版社, 2012.

[6] Erdağ Göknar. Between Ottoman and Turk:Literary Narrative The Transition from Empire to Republic. Seattle: Washington University, 2004.

[7] Evin Ahmet. Origins and Development of the Turkish Novel. Minneapolis: Bibliotheca Islamica Press, 1983.

[8] Michael D. McGaha. Autobiographies of Orhan Pamuk: The Writer in His Novels. Salt Lake City: University of Utah Press.2008.

[9] Naci Fethi. Türkiye de Roman ve Toplumsal Değişme. İstanbul:Gerçek Yay,1981.

[10] Orhan Pamuk. Ben bir Ağacım.İstanbul: Yapı Kredi Yay, 2013.

[11] Orhan Pamuk. Interview with Nuriye Akman.Zaman, 2014-01-17(11).

[12] Orhan Pamuk. Kafamda bir Tuhaflık. İstanbul: Yapı Kredi Yay, 2013.

[13] Orhan Pamuk. Kırmızı Saçlı Kadın.İstanbul:Yapı Kredi Yay, 2016.

[14] Orhan Pamuk. Öteki Renkler. İstanbul: Yapı Kredi Yay, 2013.

[15] Orhan Pamuk. Saf ve Düşünceli Romancı. İstanbul: Yapı Kredi Yay, 2013.

[16] Orhan Pamuk. Yeni Hayat. İstanbul: Yapı Kredi Yay, 2013.

[17] Jale Parla. Türk Romanında Yazar ve Başkalaşım. İstanbul: İletişim Yayınları, 2011.

[18] Donald Quataert. Ottoman History Writing and Changing Attitudes Towards the Notion of "Decline". History Compass, 2003, 1(1):65-72.

[19] Ramazan Korkmaz. Yeni Türk Edebiyatı.Ankara: Grafiker Yayınları, 2007.

[20] Sina Aksin. Türkiyenin Yakın Tarihi. İstanbul:Yenigün Haber Ajansı ve Yayıncılık.

（作者系国防科技大学国际关系学院讲师）

韩语惯用形"에 관하다"与"에 대하다"的语义比较分析

王文哲

【摘　要】韩语中常用的惯用形"에 관하다"和"에 대하다"易被理解为语义相同、可互换使用的语法,而在实际使用过程中二者仍存在一些差异。本文为确认惯用形"에 관하다"和"에 대하다"在语义层面的差异,对韩语语法书、韩语教材以及韩语词典中对相关惯用形的语义说明进行了梳理,并以此为基础对世宗语料库中的相关例句进行了整理分析。结果显示,惯用形"에 관하다"和"에 대하다"的确在语义层面存在差异:"에 관하다"大部分用于"话题/主题"语义,而"에 대하다"除此以外也可用于"对象"语义;在表达"话题/主题"语义时,若惯用形前的名词或名词结构为较为宽泛的内容,"에 관하다"的使用则倾向于涉及与主题相关的更广的内容,而"에 대하다"则倾向于将主题局限于前方具体的名词,若惯用形前的名词或名词结构内容较为具体,则可以理解为二者无较大差异。

【关键词】韩语　关于　对于　관하다　대하다

一、引言

"에 관하다"和"에 대하다"是韩语中常用的惯用形,且在构成、语义和用法等层面存在许多相似之处。首先,在构成方面,二者均由表示对象的格助词"에"和包含"关于,对于,就"等意思的动词"관하다""대하다"组合而成。其次,在语义层面,由于构成惯用形的动词在惯用形中发挥的语义作用相近,"에 관하다"和"에 대하다"在使用过程中也表达"对

于……""关于……"等相近的意思。最后,在用法方面,"에 관하다"和"에 대하다"均用于体词后,后常加连接词尾"-여(서)"以"에 관하여/관해(서)""에 대하여/대해(서)"的形式使用,或后加定语词尾"-ㄴ"构成"에 관한""에 대한"的形式修饰之后的名词结构。

由于存在以上共同之处,"에 관하다"和"에 대하다"易被理解为完全相同、可以互换使用的语法,而韩国国立国语院于2005年出版的『외국인을 위한 한국어 문법2』(《为外国人编写的韩语语法书2》)一书中也表达出了二者相近、可以互换使用的观点[①]。然而,在实际使用过程中,"에 관하다"和"에 대하다"仍存在一些不同之处。如在下列例句中,例句(1)中"에 대하여"的使用表示"承担责任(책임을 지다)"的对象,即引出"对某事承担责任"中的"某事",而若像例句(2)一样将"에 대하여"换为"에 관하여",句子则会变得不太通顺。

(1) 장관이 이 사건에 대하여 책임을 지고 사임하였다.

(2) ? 장관이 이 사건에 관하여 책임을 지고 사임하였다.

因此,本文着眼于惯用形"에 관하다"和"에 대하다"在使用方面存在的差异,旨在对二者表达的语义进行对比分析。考虑到"에 관하다"和"에 대하다"在使用中以各种活用形态呈现,且各自的各种活用形态只是在形态上存在差异,语义上并无不同,因此本文的研究对象为"에 관하다"和"에 대하다"的活用形态,包括"에 관하여,에 관해(서),에 관한"以及"에 대하여,에 대해(서),에 대한",但表述上为方便起见,本文将用"에 관하다"和"에 대하다"作为统称,分别代表其各种活用形态。

本文将先对较为权威的韩语语法书以及国内常用韩语教材中对惯用形"에 관하다"和"에 대하다"相关活用形态的语义说明进行考察梳理,并参考词典中两个动词"관하다"和"대하다"的相关释义。以此为基础,本文将对世宗语料库中与以上研究对象相关的例句进行分析,并尝试总结出惯用形"에 관하다"和"에 대하다"在语义方面存在的差异,以此为之后的教学和研究提供借鉴。

---

① 『외국인을 위한 한국어 문법2』(《为外国人编写的韩语语法书2》)在记述"에 대하여"和"에 대한"这两个语法时,直接做出了"参照'에 관하여/에 관한'"的标注,并在"에 관하여"和"에 관한"语法部分补充说明了"'에 관하여/에 관한'与'에 대하여/에 대한'在意思上没有太大的差异,可以互换使用('에 관하여/관한'은 큰 의미 차이 없이 '에 대하여/대한'으로 바꿔 쓸 수 있다.)"。(국립국어원. 외국인을 위한 한국어 문법2(용법 편). 커뮤니케이션북스,2005.)

二、对"에 관하다"和"에 대하다"相关语义说明的梳理

正如上文所说,『외국인을 위한 한국어 문법2』(《为外国人编写的韩语语法书2》)中将"에 관하다"和"에 대하다"看作语义相同、可互换使用的语法。为了解其他语法书以及韩语教材中对惯用形"에 관하다"和"에 대하다"语义的说明,本文又参考了韩语语法书中较为权威的《白峰子韩国语语法词典》和其韩语原版『한국어 문법 사전』(《韩国语语法词典》),以及《新经典韩国语》《韩国语》《新标准韩国语》《延世韩国语》《首尔大学韩国语》《高丽大学韩国语》六套国内常用的韩语教材。将不同语法书、教材中对惯用形"에 관하다"和"에 대하다"的语义说明整理如表1:

表1 相关语法书和教材中对"에 관하다"和"에 대하다"的语义说明

书名	"에 관하다"	"에 대하다"
『외국인을 위한 한국어 문법2』(《为外国人编写的韩语语法书2》)	뒤 내용의 대상으로 함을 나타내는 표현(补充部分提及"'에 관하여'는 큰 의미 차이 없이 '에 대하여'로 바꿔 쓸 수 있다")	没有单独进行语义、例句说明,在相关语法后标注了参照"-에 관하여/관한"
《白峰子韩国语语法词典》	表示"对于、关于"(与"에 대하여"相比,"에 관하여"显得更加正式、庄重,所以经常用在书面语中)	表示"对于……"
『한국어 문법 사전』(《韩国语语法词典》)	'-에 대하여, 에 관계되어'의 뜻으로 쓰이는 말이다.	'그 사물에 관하여', 또는 '사물을 대상을 하여'의 뜻을 나타낸다.
《新经典韩国语精读教程》	表示与前面的事物相关,相当于汉语的"关于……"	表示以前面的事物为对象,相当于汉语的"针对、关于"
《韩国语》	表示相关,相当于汉语的"关于……"	表示以某物、某事或某人为对象,相当于汉语的"对于、关于"
《新标准韩国语》	未提及该语法	表示动作涉及的对象,相当于汉语的"关于……""对于……"
《延世韩国语》	未提及该语法	表示"对……"

续表

书名	"에 관하다"	"에 대하다"
《首尔大学韩国语》	未提及该语法	相当于汉语的"针对……的""关于……的"
《高丽大学韩国语》	未提及该语法	表示"关于……"

从表1可以看出，除之前提到的『외국인을 위한 한국어 문법2』(《为外国人编写的韩语语法书2》) 和未提及"에 관하다"的教材之外，其他语法书和教材在一定程度上反映了"에 관하다"和"에 대하다"的语义区别。其中，对"에 관하다"说明的重点在于"相关"，强调与前面所提及事物的关联性，而对"에 대하다"语义说明的重点则在于"对于""以……为对象"。尤其值得关注的是《白峰子韩国语语法词典》的韩文原版书『한국어 문법 사전』(《韩国语语法词典》)中对两个惯用形用韩语进行的语义说明，对"에 관하다"的说明为"에 대하여, 에 관계되어"，而对"에 대하다"的说明为"그 사물에 관하여"或"사물을 대상을 하여"。从中可以发现，两个惯用形在互为对方进行解释的同时，又各有一种独有的解释方式。因此，根据以上对部分韩语语法书和教材的整理可以推测，两个惯用形可能在"以某物为对象""与……相关"层面存在语义差异。

此外，本文又查阅了NAVER中韩词典和NAVER国语词典中对两个动词"관하다"和"대하다"的释义，并将中韩词典中《EDUWORLD标准韩韩中词典》和《高丽大学韩韩中词典》、国语词典中『표준국어대사전』(《标准国语大词典》)和『고려대한국어대사전』(《高丽大韩国语大词典》)显示的与惯用形"에 관하다"和"에 대하다"相关的中、韩释义整理如下：

表2 NAVER中韩词典和国语词典中"관하다"和"대하다"的相关释义

词典名	"관하다"	"대하다"
EDUWORLD 标准韩韩中词典	关于，对于，有关，就	对，针对，对于，关于，就
高丽大学韩韩中词典	关于	对，对于
표준국어대사전（《标准国语大词典》）	말하거나 생각하는 대상으로 하다.	대상이나 상대로 삼다.
고려대한국어대사전（《高丽大韩国语大词典》）	(어떤 것이 다른 것에) 서로 관계를 맺어 얽혀 있다.	무엇을 대상으로 하다.

从表 2 中可以看出，《EDUWORLD 标准韩韩中词典》和『표준국어대사전』(《标准国语大词典》)倾向于在认同"관하다"和"대하다"相似性的同时展示出二者存在的细微差异，即二者都可以表达"作为……的对象"的语义，但"대하다"的使用范围更广，而"관하다"只表示"说话或思考的对象"，同时，从中文释义中各解释的排列顺序来看，"관하다"的"关于"的语义更加突出，而"대하다"的"对于，针对"的语义更加突出。与之相反，高丽大学的中文、韩文词典则是倾向于明确标注二者的区别，即将"관하다"解释为"与某物产生关联"，而将"대하다"解释为"将某物作为对象"。这也为我们之后利用语料库的研究提供了思考借鉴的方向。

通过以上对韩语语法书、韩语教材以及韩语词典中对惯用形"에 관하다"和"에 대하다"的语义解释进行梳理和分析，可以整理出以下思考方向：

（1）"에 관하다"和"에 대하다"是否都可以表达"以……为对象"的语义？如果都可以，二者在表达该语义时是否存在区别？是否如『표준국어대사전』(《标准国语大词典》)所说，"관하다"的使用仅限于"说话或者思考的对象"而"에 대하다"的使用范围更广？

（2）"关于……，对于……"的语义是否只存在于惯用形"에 관하다"中？还是为"에 대하다"和"에 관하다"二者所共有？

本文将以上述问题为基础，对世宗语料库中与本文研究对象相关的句子进行分析，并尝试总结"에 관하다"和"에 대하다"在语义层面存在的差异。

三、"에 관하다"和"에 대하다"的语义比较分析

（一）"에 관하다"的语义分析

根据『표준국어대사전』(《标准国语大词典》)中对动词"관하다"含义的解释，"관하다"在惯用形"에 관하다"中表达的语义为"说话或者思考的对象"，而对语料库的分析结果显示，"에 관하다"在大部分例句中的确表示这一语义。

（3）이 점에 관하여 수운 최제우 선생은 {동경대전} {수덕문} 가운데에서 다음과 같이 말씀하고 계신다.

（4）대통령이 청남대로 떠나기 전 주돈식 청와대 대변인은 "국정 전반에 관해 구상하게 될 것"이라고 밝혔었다.

（5）두 김 총재 간의 정계 개편 논의에서 지역주의 문제에 관한 얘기는 없었나.

以上例句在谓语部分出现的与"에 관하다"相关的词为"말씀하다, 구상하다, 얘기", 这些词汇的意思均为说话或想法, 为典型的表示"说话或者思考的对象"的用法。但除此之外, 与"에 관하다"经常搭配使用的还有一些其他包含着说话或思考内容的词汇。

（6）동북아의 평화 문제, 우리 한반도의 평화 문제, 또 경제협력 문제에 관해서 의견을 많이 나눴습니다.

（7）각 당은 장바구니 물가, 부동산값, 실명제, 대외 적자, 경기침체 문제, 중소기업 대책 등 작금의 가장 긴급한 경제 이슈들에 관해 분명한 입장을 내놓고서 국민 앞에서 논쟁하기 바란다.

（8）근로자의 단체가 사용자와 근로 조건의 유지 개선에 관하여 교섭할 수 있는 권리이다.

（9）우선은 한국과 일본 여성에 관한 글을 쓰는 중이에요.

（10）몽고의 정치 개혁과 경제 개방에 관한 새로운 계획이 있으면 소개해달라.

（11）이에 비해 `넥서스컨설팅'은 과학 기술 및 기업과 경영에 관한 외국의 3백여 데이터베이스를 검색, 고객에게 자료를 제공하고 시장분석을 해주는 업체이다.

例句（6）（7）（8）中的谓语部分为"의견을 나누다, 입장을 내놓다, 교섭하다", 这些词虽没有直接表达"说"或"想"的含义, 但完成这些动作却同样需要对"에 관하다"所涉及的名词表达观点或阐述想法, 因此也蕴含着对前面的主题进行表述或思考的语义。与此相同的还有"질문하다, 고소하다, 강의하다, 응답하다, 알다, 밝히다"等动词。而例句（9）（10）（11）采取了为"에 관하다"后加定语词尾的使用方式, 其后修饰的名词为"글, 계획, 데이터베이스", 这些名词虽不是单纯的说话或思考的内容, 但可以理解为以"에 관하다"前面的名词或名词结构为主题的、包含着一定想法或者内容的名词。与此类似的名词还有"근거, 제안, 보고서, 보도, 전시회, 합의"等。由此类例句可以发现, "에 관하다"的适用范围不仅仅是表示"说话或者思考的对象", 同样也适用于包含想法、思考或者其

他内容的词汇，表示其内容的话题或主题。因此，本文根据对语料库相关例句的分析结果，将"에 관하다"的语义扩大为表示"说话、思考或其他包含一定内容的动作或事物的话题或主题"，简略表示为"话题/主题"语义，而这一语义也是"에 관하다"最基本、最常用的语义。

除此之外，有个别例句显示"에 관하다"也有其他语义，即同之后要提到的"에 대하다"一样可以表示具体行为的对象。但这一语义的使用属极少数情况且在句子是否通顺方面存在不同的观点，本文不对此进行具体分析，并将关注点放在惯用形表达的主要语义上。

（二）"에 대하다"的语义分析

『표준국어대사전』（《标准国语大词典》）中将动词"대하다"在惯用形"에 대하다"结构中表达的语义解释为"作为……的对象"，即可以理解为比"관하다"适用的对象范围更广。而本文通过对语料库中相关例句的分析，将"에 대하다"的语义归纳为"话题/主题"和"对象"两个层面。

（12）현재 기업들도 비업무용 부동산의 처분에 대해서는 전적으로 동감하고 있는 것으로 생각한다.

（13）그 피해 보상을 받을 수 있다는 보도가 있은 후 많은 사람들이 보상 방법에 대하여 문의를 해왔다.

（14）그러나 그녀가 사회문제에 대하여 관심을 가지고 있으며, 특히 페미니즘 수필가로 불릴 수 있는 극히 소수의 수필가임으로 나는 이 분석을 시도하기로 결심했다.

（15）기업들이 제3자 명의로 보유하고 있는 부동산에 대한 실태조사는 어떻게 벌일 것인가.

例句（12）—（15）中"에 대하다"表达的是"话题/主题"的语义。这一用法与"에 관하다"相似，表示说话、思考或其他内容的话题或主题，以上例句中"에 대하다"的使用则分别表示"思考""咨询""感兴趣"和"现场调查"的主题。

（16）미국은 그동안 한국 정부에 대해 다각적으로 시장 개방 압력을 가해 왔습니다.

（17）그날이 오면, 그렇다, 그날이 오면 무수한 수모, 눈물나는 천대에 대하여 보복을 할 것이다.

（18）백씨는 "남편은 당시 어느 편에도 가담하지 않고 본연의 임무에

충실함으로써 국가에 대한 충성을 다했다"며 "계급 추서를 계기로 훈장과 함께 보상이 뒤따라야 한다"고 말했다.

(19) 페디르코 회장은 소련이 이 같은 분야에 대한 한국의 참여를 바라는 것은 국내생산 및 자본만으로는 도저히 수급을 충족시킬 수 없기 때문이라고 설명했다.

而例句(16)—(19)则与之前的"话题/主题"语义不同,"에 대하다"涉及的谓语部分中出现的不是说话、思考或包含一定内容的其他词汇,而是具体的行动,因此"에 대하다"前的名词或名词结构成了后述具体行动的直接对象,如以上例句中的"韩国政府""侮辱和蔑视""国家""领域"分别为后述动词"施压""报复""效忠""参与"的直接对象。

(三) "에 관하다"和"에 대하다"的语义比较

通过以上对"에 관하다"和"에 대하다"各自语义的分析,可以确认二者在语义方面的确存在一定的差异:"에 관하다"在绝大多数情况下只能表达"话题/主题"的语义,而"에 대하다"除了表达"话题/主题"之外,也可以表达"对象"的语义。虽然同样表示"话题/主题"的语义,但"에 관하다"和"에 대하다"在部分例句上呈现出的倾向性却略有区别。

(20) 미국은 정치-경제-사회 등 한국에 관한 것이면 모든 것을 한국학의 범주에 넣고 있는 듯합니다.

(21) 독서에 관해서 선현이 쓴 글이 많지만 나는 영국의 프란시스 베이컨(1561—1626)의 <학문에 관하야>(Of studies)를 제일 좋아한다.

(22) 그러나 그녀가 사회 문제에 대하여 관심을 가지고 있으며, 특히 페미니즘 수필가로 불릴 수 있는 극히 소수의 수필가임으로 나는 이 분석을 시도하기로 결심했다.

(23) 임수경양에 대해 들어 본적이 있는가.

例句(20)—(23)中的"에 관하다"和"에 대하다"均表示"话题/主题"语义,可互换使用,且互换后句子的整体意思不会发生大的变化。但由于以上例句中"에 관하다"和"에 대하다"前的名词均为范围较广的话题或主题,或参照金仙姬(김선희)的说法为包含多种不同层面的主题[①],因此二者表示的话题或主题的范围略有不同:"에 관하다"的

---

① 화제로서 들 수 있는 측면을 여러 개 가지고 있는 말. 参김선희. 후치사 "에 대해서" "에 관해서" 및 그 관형형의 용법 고찰 - 초·중·고 국어 교과서를 중심으로 -. 동북아문화연구, 2010(25):121.

使用使得主题的范围得以拓展，可以理解为"围绕某一主题"或"关于某一主题"，而"에 대하다"的使用则将后述的内容集中于前述的名词本身，可以理解为"对于某一主题"或"针对某一主题"。如例句（23）中"에 대하다"的使用将"听说"的范围限定为"林琇卿女士"，而若将惯用形更换为"에 관하다"，"听说"的主题则可能稍加扩大，包括与"林琇卿女士"相关的其他事情、人物等。可能出于以上细微差异，在对惯用形"에 관하다""에 대하다"以及其中涉及的动词进行释义时，倾向将其分别解释为"关于……"和"对于……"。而金仙姬（김선희）中将"에 관하다"和"에 대하다"在表示"话题/主题"语义时的区别总结为"에 관하다"常与范围更广的话题或主题名词一起使用而"에 대하다"常与内容更具体的话题或主题名词一起出现[①]，这与本文的观点存在相似之处。

（24）그는 사적 소유를 지지할 것인지 반대할 것인지에 관해 자신의 결심을 내리는 데 있어서 매우 어려움을 겪고 있는 것 같다.

（25）예를 들면 $a*(x**3)+b*(x**2)+c*x +d\cdots1)a**3+3*(a**2)*b+3*a*(b**2)+b**3\cdots2)$ 에서 1)은 x 에 관하여 내림차순으로 정리한 것이고, 2)는 a 에 대하여 내림차순으로 정리한 것이다.

（26）운부의 장인은 다행히도 너그러운 사람이어서 운부의 출사하지 않음에 대하여 그리 섭섭히 여기지는 않았다.

（27）눈이 많이 올 경우, 시민들의 협조가 무엇보다 필요하다고 강조한 이국장은 "그런 의미에서 31일 아침 출근 시간대에 많은 시민들이 자가용 운행을 자제해 준 것에 대해 감사를 표하고 싶다"고 했다.

例句（24）—（27）则与例句（20）—（23）不同，惯用形前的名词或名词结构不是范围较广的主题或话题，而是比较限定、具体化的内容，因此在此类句子中"에 관하다"和"에 대하다"表示的话题或主题也限定为前面具体的内容，在此情况下二者表达的"话题/主题"语义可以看作几乎没有差异。

对于以上"에 관하다"和"에 대하다"在表示"话题/主题"语义时

[①] "에 관해서"는 술어부에 순수언어활동·순수사고활동을 나타내는 말과 공기하여 선행부분（선행명사）에 포괄적인 내용이 올수록 사용되기 쉬워진다. "에 대해서"는 술어부에 태도나 자세가 포함되어 있는 언어활동·사고활동을 나타내는 말（청유문）과 공기해서 선행부분（선행명사）에 구체적인 내용이 올수록 사용되기 쉬워진다.（김선희. 후치사 "에 대해서""에 관해서"및 그 관형형의 용법 고찰 - 초·중·고 국어 교과서를 중심으로 -. 동북아문화연구, 2010(25):122.）

略有不同倾向性的原因，本文推测可能是动词本身受到了其包含的汉字的影响。"관하다"和"대하다"均由汉字"關（관）""對（대）"后加动词"하다"构成，虽然很多"汉字词＋하다"构成的词汇的含义与汉字词本身存在差异，但在这两个惯用形中汉字本身的含义得到保留，其中"에 관하다"中"關（관）"发挥的语义作用为"关联、关系、关于"，而"에 대하다"中"對（대）"发挥的语义作用则为"对于、针对"。从汉字的角度出发，我们可以体会到"에 관하다"强调得更多的是一种关联性，表示与前面所述的主题或话题相关，而"에 대하다"强调得更多的则是一种针对性，表示以前面所述的内容为对象。因此，本文推测在惯用形"에 관하다"和"에 대하다"的语义功能中，动词包含的汉字的含义发挥了很大的作用。可能也正是出于此原因，"에 대하다"还能表示"에 관하다"所不具有的"对象"语义。

四、小结

通过对韩语语法书、韩语教材以及韩语词典中出现的对惯用形"에 관하다"和"에 대하다"的语义说明的梳理，以及对世宗语料库中相关例句的分析，本文确认惯用形"에 관하다"和"에 대하다"在语义方面的确存在差异。一方面，"에 관하다"多用于表达"话题/主题"语义，即表示说话、想法或其他包含一定内容的动作或事物的主题；而"에 대하다"除表达"话题/主题"之外也能用于"对象"语义，即表示前方名词或名词结构为后述动作的直接对象。另一方面，二者虽均可表达"话题/主题"语义，但不同惯用形的使用在语感方面存在细微差异。当惯用形前的名词或名词结构为范围较广的话题或主题时，"에 관하다"的使用倾向于包含与该主题相关的更广的内容，而"에 대하다"的使用则呈现出将叙述的内容集中于前方名词本身的倾向；而当惯用形前的名词或名词结构为较为限定的话题或主题时，"에 관하다"和"에 대하다"的使用则区别不大，都起到将话题或主题限定为前面具体内容的作用。此外，本文还推测惯用形"에 관하다"和"에 대하다"在语义方面产生以上区别的原因为受到动词中汉字词的影响，若从汉字"關（관）"的关联性和"對（대）"的针对性角度出发，对这两个惯用形语义差异的理解则会容易许多。

因此，之后无论是在个人使用过程中还是在教学实践过程中，在强调

惯用形"에 관하다"和"에 대하다"在表示"话题/主题"语义的很多情况下可以互换使用的同时，也须关注二者的区别，更是可以借助汉语翻译，将各自语义分别对应为"关于……"和"对于……"，以确保可以更加正确、更加地道地使用两个惯用形。

参考文献

[1] 관하다. 국어사전. [2022-07-22]. https://ko.dict.naver.com/#/entry/koko/68418 f89d39b4bb798aa7a9aad8f0847.

[2] 관하다. 중국어사전. [2022-07-22]. https://zh.dict.naver.com/#/entry/kozh/5db a4ffcabee4a21bd364062ddbf8ddb.

[3] 대하다. 국어사전. [2022-07-22]. https://ko.dict.naver.com/#/entry/koko/fbe6b d2f95c24245a2dbc9727b031961.

[4] 대하다. 중국어사전. [2022-07-22]. https://zh.dict.naver.com/#/entry/kozh/5d0a0252d340435aa9f0f502fd58cbe9.

[5] 국립국어원. 외국인을 위한 한국어 문법 2 (용법 편). 커뮤니케이션북스, 2005.

[6] 백봉자. 한국어 문법 사전. 도서출판 하우, 2006.

[7] 김선희. 『~について』『~に關して』『~に對して』の用法上の差について - 韓國語「~에 대해서」「~에 관해서」との比較を中心に -. 일본일문학, 1999(12):135-151.

[8] 김선희. 「~에 대한」「~에 관한」의 용법 고찰 - 초·중·고 국어 교과서를 중심으로 -. 동북아문화연구, 2009(21):465-479.

[9] 김선희. 후치사 "에 대해서" "에 관해서" 및 그 관형형의 용법 고찰 - 초·중·고 국어 교과서를 중심으로 -. 동북아문화연구, 2010(25):13-131.

[10] 김선희. 후치사 "에 대해서", "에 관해서" 및 그 관형형의 용법 고찰 - 텍스트 장르별 연구 -. 동북아문화연구, 2012(33):301-324.

[11] 김선희. 후치사 '에 대하여'와 조사 '을/를'의 용법고찰 - 초등학교 국어 교과서를 중심으로 -. 동북아문화연구, 2014(41):347-361.

[12] 안주호. 동사에서 파생된 이른바 후치사류의 문법화 연구. 말, 1994:36-78.

[13] 白峰子. 白峰子韩国语语法词典. 修订版. 北京：世界图书出

版公司北京公司，2008.

［14］高红姬.新经典韩国语：精读教程2.北京：外语教学与研究出版社，2020.

［15］韩国高丽大学韩国语文化教育中心，等.高丽大学韩国语：3.北京：外语教学与研究出版社，2014.

［16］韩国首尔大学语言教育院.首尔大学韩国语：3.北京：外语教学与研究出版社，2019.

［17］金重燮，姜炫和，李定善，等.新标准韩国语：中级1.金京善，金英子，译.北京：外语教学与研究出版社，2006.

［18］李先汉，等.韩国语：1.北京：民族出版社，2008.

［19］李先汉，等.韩国语：2.北京：民族出版社，2010.

［20］延世大学韩国语学堂.延世韩国语：2.北京：世界图书出版公司北京公司，2014.

（作者系国防科技大学国际关系学院助教）

关于日语拟声拟态词的汉译研究[①]

殷志诚

【摘　要】日语拟声拟态词在日语教学中是一个难点，且不易翻译。拟声拟态词形式多样，表现力强。本文先对比分析中日拟声拟态词的数量、发音、排列特征，结合归化、异化、目的论的翻译理论，寻找适合日语拟声拟态词的翻译方法。

【关键词】日语拟声拟态词　归化　异化　目的论　翻译方法

一、引言

日语拟声拟态词的历史悠久，最早可以追溯到万叶集时期。关于它的研究则可以追溯到江户时期，学者们从不同的视角较为全面地对拟声拟态词进行了研究，具有代表性的学者有小林英夫、天沼宁、金田一春彦、浅野鹤子、山口仲美、田守育启、角冈贤一等。

小林英夫指出，拟声拟态词是以模拟自然声音为目的成立的符号。他根据索绪尔的语言符号论，把拟声拟态词分为拟音词和拟容词，并指出拟声拟态词和象征词没有区别。小林英夫根据词基和音节把拟声拟态词的词形分为21种，对拟声拟态词音和意义的关系进行了深入的考察。

天沼宁分析了长音、清浊音等功能对等效果，站在音节拍数的角度把拟声拟态词分成31类，但没有解释音韵与语义之间的关系。

金田一春彦、浅野鹤子合著的『擬音語・擬態語辞典』定义了拟声词、拟态词，即拟声词是表示事物、人、动物的词语，拟态词是描写与声响没有直接关系的事象状态的词语。金田一春彦在小林英夫的基础上进一步细

[①] 本文系2021年湖北第二师范学院校级教学研究项目（编号X2021010）的成果。

分，将拟声词细分为有生命、无生命的拟声词，将拟态词细分为有生命、无生命、人的心理状态的拟态词。

中文中的拟声词一般被称为"象声词"。这一文法现象最早出现在中国文法著作《马氏文通》中，数十年没有引起文法界的关注。《中国现代文法》一书中，象声词被称为"拟声法"，并没有划分为词类。直到1951年，吕叔湘、朱德熙才第一次把象声词作为术语提出来。他们把词分为八类，其中第八类象声词包含了叹词、应答词、狭义的象声词。象声词终于作为单独的词类走入大众的视野，此后与之相关的文法研究才逐步展开。近代的代表人物有耿二岭、马庆株、邵敬敏等。《现代汉语词典》将其定义为"模拟事物声音的词"，即模仿自然、人、动物的声音的语言。汉语通常把汉字当成"音符"标号，来构成拟声词。拟态词，是指文字化的声音里模拟事物特征的词汇。它们没有任何实意，只是发个音模拟事物的状态特征。例如现代汉语中的"黑乎乎""绿油油"中的"乎乎""油油"就是拟态词。

由此，我们不难看出中日拟声拟态词在意义、语法功能等方面不完全相同。日语中有大量的拟声词，且拟声拟态词的形式复杂，相同的假名加入浊音、长音、促音之后，意思有时会有很大的改变。比如"はらはら"（担心）、"ばらばら"（凌乱）。而在汉语中，虽有拟声词的定义，却查不到拟态词的说法。因此，如何把日语拟声拟态词翻译成中文，这对常年学习日语的人来说，亦非易事。

二、中日拟声拟态词对比分析

从数量上来看，日语拟声拟态词十分丰富，各类拟声拟态字典收录的现代日语拟声拟态词大约有两千五百种，是英语的三倍、中文的两倍以上[①]。拟声拟态词里除了原有的和式词汇之外，还有"安闲""混沌""意气扬々""正々堂々"等从中文借用的汉语，以及极少量的外来语，如"チックタック"。

从发音上来看，辅音为k、g、p的拟声拟态词常来形容敲打、接触、破坏时产生的较为生硬的声音，如カチカチ、カリコリ、ゴチゴチ、パキン等。辅音为ny、f、w的拟声拟态词则常形容柔软的物体，如ふにゃふにゃ、ふ

---

① 周霞.关于日语拟声拟态词的词性问题探讨.考试周刊，2008(36):18-19.

かふか、ふわふわ、ぐにゃぐにゃ。辅音为k、s、p的拟声拟态词常形容干燥、沙哑的声音，如かさかさ、ぱりぱり、ぱさぱさ、さらさら等。中文拟声拟态词在表意上也有一些特征。例如，重叠词一般表示声音、动作的反复，或者用于声响较大的场合；"n+鼻音"多表示物体与物体碰撞的声音；"s"表示摩擦的状态；"k"常用于形容物体硬高度、表面光亮、刀锋尖锐的样子。

从排列组合上来看，语言学家们根据拍数、音节、词基等提出了不同的分类方法，较为常见的词形有拨音形、促音形、长音形、叠音形、「り」音形、音的部分重复、清浊音的对立等，共计约十八种。具体情况如表1。

表1　词形

词形	例子
Aっ	じっ ぞっ ぬっ
Aん	じん つん ばん
A一	じー どー ぱー
AB	ぐい ぷい むず
ABっ	がさっ かちっ ぎくっ
ABん	くしゃん がつん ぽつん
ABり	きらり すらり ぞろり
A一っ	すーっ ふーっ ぼーっ
A一ん	あーん かーん だーん
AっA	かっか さっさ とっと
ABAB	きらきら ぐるぐる すらすら
ABCB	かさこそ からころ ぐんなり
ABCD	かさこそ からころ ぐんなり
AっAっ	くっくっ しっしっ たったっ
AんAん	おんおん ぐんぐん わんわん
A一A一	かーかー ぼーぼー もーもー
AっBり	ぼっきり めっきり ゆったり
AんBり	ふんわり ぼんやり やんわり

本文选取了浅野鹤子（1978）编撰的『擬音語・擬態語辞典』，该词典共收录1 647个词条。从音拍节数来看，四音节拟声拟态词数量占比最多，有569个，占总数34.5%，其中ABAB型拟声拟态词数量最多，约占总数的25%。其次是三音节拟声拟态词，占总数26%左右，其中"ABり"型、

"AっBり"型较多。单音节拟声拟态词约占总数的6.8%,其中"Aっ"型最多。

而汉语用汉字表记,一个汉字占一个音节。象声词根据字数长短一般分为单音节语、双音节语、三音节语、四音节语。单音节语A型比如"叮""当""咚"。双音节语AA型,如"汪汪""沙沙""呼呼";AB型,如"叮当""噼啪""哗啦"。三音节语ABB型,如"呼噜噜""扑簌簌";AAB型,如"滴滴哒""滴滴咚""咚咚锵"。四音节语AABB型,如"滴滴哒哒""叮叮当当";ABAB型,如"吭哧吭哧"、"咯吱咯吱";ABCB型,如"噼哒啪哒";ABCD型,如"叮当哐啷""稀里哗啦"。《现代汉语词典》(商务印书馆2005版)中列出104个象声词,其中A型49个、AA型37个、ABB型1个、ABCD型1个,AAB型16个。可以看出,汉语象声词的A型、AA型占绝大多数。

综上分析不难看出,日语拟声拟态词比象声词的数量多,形态更复杂。A型、AB型在汉语中很常见,但在日语中却很难见到。而A型在汉语中常见,在日语拟声拟态词中几乎看不到。总体来说,日语中ABAB型所占比率最高,汉语中A型所占比率最高。因此,翻译日语拟声拟态词时,很难做到译文的声音、形态与原文相似。要达到翻译的"信、达、雅"要求,就需要译者充分吃透原文意思,在译文上做出取舍。

三、日语拟声词的汉译策略

(一)翻译成汉语的象声词

① これはぶんぶん鳴りながら回るので、ぶんぶん独楽と言います。/ 这玩意嗡嗡响着旋转,所以叫嗡嗡陀螺。

② 飛行機がすさまじい音を立てながら停車場に入ってきたときに本当に私はがたがた体が震えました。/ 当飞机气势汹汹地冲进停车场时,我浑身哆哆嗦嗦直打战。

③ 泥だらけの長靴をがたがた鳴らして歌の中へ入ってきた。/ 穿着满是污泥的高筒皮靴,咯噔咯噔地行走在歌声里。

④ 冷たい風がぴゅうぴゅう吹く。/ 风呼呼地吹。

⑤ 彼が座ると、ゆったりとした革張りの椅子も身動きのたびにギューギュー鳴る。/ 他一坐下,舒适宽大的皮面座椅随着他身子的扭动不

时发出"吱呀吱呀"的声响。

⑥ 木の葉のさらさらという音。／树叶的沙沙响声。

⑦ 茶碗に注いだお茶をがぶがぶと飲みながら／咕嘟咕嘟地喝着茶碗里的茶。

⑧ 田中は何かもごもごと言った。／田中嘟嘟囔囔地说了什么。

⑨ 「お父さん、犬はなんて泣くか知ってるかい？」「犬はわんわんって泣くさ」「そりゃ日本の犬さ、西洋の犬はどういって泣くか知ってる？」「西洋の犬だって同じさ」「ウソだよ。お父さんは知らないんだなあ。西洋の犬はね、バウワウって泣くんだよ。リーダーにそう書いてあるよ。ほら、ザ・ドッグ・バークス・バウワウ」／"爸爸。你知道狗怎么叫吗？""汪汪地叫啊。""这是日本狗。你知道西方的狗怎么叫吗？""西方狗还不是一样叫嘛。""胡说。爸爸不知道啦。西方的狗啊，吧——吧——地叫。外语教材上写的，喂，你瞧这儿写狗叫的地方。"

⑩ 話している間に子犬はキャンキャン泣き出した。子犬だから声は小さいが、突き刺さるように耳につく声である。／正说着，小狗呜呜叫了起来。狗小，声音也小，却异常刺耳。

以上例句基本都是自然界的各种声音、声响的简单模拟、模仿，我们能比较容易从汉语中找到相应的象声词来对应。其中例⑨、例⑩的拟声词十分有特点，值得引起我们注意。各个国家在描述动物叫声时，会相应带上其区域、民族、语言的特点。汉语中狗叫声多为"汪汪"。在日本江户时期之前，狗叫声为"びょ""びょう"，之后为"わんわん"，英语中一般为"yap""bowwow"。而例⑩中，却用"キャンキャン"表现狗叫声，来表现狗的委屈、伤心的心情。这正好运用目的论的目的原则，此处翻译成"呜呜"，更能让人体会到狗此时的伤心情绪，所以没有采用最常见的"汪汪"。

（二）翻译成非象声词

① 学生はすごく大きく高い声なので、耳がかあんとした。／同学们唱的声音又高又响，耳朵都震了。

② いっそうひどく手を叩きました。わあと叫んだものもあるようでした。／台下的观众更起劲儿地鼓掌，有人还欢呼起来。

③ 田中が窓の枠をしきりにがたがたしているうちに、また鳥がばっとぶつかった。／就在田中使劲推动窗框时，鸟又一次向玻璃撞去。

例①的"かあん"没有对应的汉语象声词，与其勉强翻译成象声词，

不如用解释性的翻译更容易理解。例②"わあ"在『擬音語・擬態語辞典』中的意思为大声哭泣的声音,但在原语境中是观众们大声喝彩的声音,如若翻译为"哇",不符合当时的语境。"がたがた"在『擬音語・擬態語辞典』中的意思为坚硬物体相互碰撞的声音。从例③意思上分析可知,"がたがた"是田中用力关窗时的响声。从上面的例句我们可以看出,在翻译拟声词时,我们不翻译为象声词也能解释清楚原文意思。在某些时候,解释性的译文虽没有象声词形象,但语言更为精练、易懂。

(三)直接用拼音替代

① おじさんの家のボンボン時計の中には、子供が二人住んでいるんですよ。ウソなもんですか。このおじさん、夕べちゃんと見たんだから。おじさんは名前まで知っているんです。一人はチック、一人はタック。チックとタック。チック、タック、チック、タック――。そうらね、ちゃんと時計の音になるじゃありませんか。おじさんはゆうべ、お寿司を食べすぎて、お腹が張って、ちっとも眠れなかったんです。11時になっても、12時になっても、どうしても眠れなかったんです。ゴースーゴースーいびきをかくまねをしても、むにゃむにゃ寝言のまねをしても、どうしても目がふさがってくれないんです。/ 在大伯家那"当当"作响的落地大钟里,住着两只小精灵。是骗人的吧。不是啊,我每晚都会看到他们,我还知道他们的名字呢,一个Chikku,另一个叫Takku。Chikku和Takku。Chikku、Takku、Chikku、Takku……咦,这不是时钟的声音吗?我昨晚寿司吃多了,肚子胀,一点也睡不着。到了11点、12点还是睡不着。即使假装呼噜呼噜地打鼾,嘟嘟囔囔地说梦话,还是没办法合眼。

② 鞄の中で筆箱がカタカタ鳴る。/ 在包里的笔盒 katakata 地响。

以上例句采用异化的翻译方法,直接用拼音代替汉字,目的是最大程度上保留源语言的拟声词发音。由于日语拟声词数量多,拼音相比象声词,在语音的多样性上有天然的优势,鲁迅、茅盾等中国著名作家也常使用拼音来替代象声词。

(四)非拟声词翻译成象声词

ふと耳にせんせん、水の流れ音が聞こえた。そっと頭をもたげ、息を呑んで耳を澄ました。すぐ足元で、水が流れているらしい。よろよろ起き上がってみると、岩の裂け目からこんこんと、なんか小さくささやきながら清水が湧き出ているのである。/ 忽然间,耳边响起潺潺的流水声,他悄悄地抬起头来,屏住呼吸侧耳倾听,似乎流水就在脚下边。他晃晃荡荡地站了起来,一看,从岩石的缝隙中滚滚涌出一股清水,声如喃喃细语。

文中把"小さくささやきながら"译为"喃喃细语"给人以启示,某些非拟声词在翻译时,根据具体场景,采用归化译法,也可以翻译成拟声词。

四、日语拟态词的汉译策略

(一)翻译成熟语

① あの男はきょろきょろと何かを探していた。/ 他东张西望地找某个东西。

② 小野は上司にあった時、へどもどした挨拶をした。/ 小野碰到上司时,语无伦次地打了个招呼。

③ 彼は借金を返していないのに、またのめのめと借りに来た。/ 他没还钱,反而厚颜无耻地来借钱。

这些例句为了达到翻译交际行为的目的,进行了归化处理,字数也跟原文保持一致,读起来朗朗上口。

(二)翻译成叠词

① ひろしは川の水に浸かりすぎ、下腹がしくしくするといって、あまりしゃべらなかった。靴下が乾くまで、一人で浅瀬にしゃがんでいた。/ 小弘在水里泡得太久了,小肚子有点丝丝拉拉疼。他蹲在河滩上等袜子晾干。

② 山道がくねくねしている。/ 山路弯弯曲曲。

③ 黒板にぎっしりと字がたくさん書いてある。/ 黑板上密密麻麻地写满了字。

④ こっそり鞄を持って逃げた。/ 偷偷地拿包逃走了。

汉语的叠词能表现事物的象征状态,比如"丝丝拉拉""弯弯曲曲""密密麻麻"都分别形象地表现出孩子的感觉、山道的崎岖、人物的动作。同时,叠词也增加了文本的可读性,增强了韵律感。

(三)翻译成形容词

① 道が凍ってつるつる滑る。/ 道路冻得滑溜。

② わかめ、昆布の表面がぬるぬるしている。/ 裙带菜、海带表面很黏糊。

③ だぶだぶのコートを身に纏ったこどもは遊んでいる。/ 穿着肥大的衣服的小朋友在玩耍。

④ 表がすべすべ、裏がざらざら。/ 正面光滑，背面粗糙。

由于以上例句中的"つるつる""ぬるぬる"等拟态词没有对应的中文表达，在表达形式上不能像叠词那样有韵律，只能退而求其次，用解释性的形容词翻译日语拟态词，采用归化处理方法，以达到交际目的。

五、结论

本文主要分析了中日拟声拟态词的数量、形式、频率等特点，站在目的论的角度讨论翻译策略。为了达到最佳的交际目的，笔者认为应遵循目的论的三大原则，并且以目的原则为首，其次考虑连贯原则、忠实原则。通过分析具体例句，总结出日语拟声词可译为象声词、非象声词、拼音，日语拟态词可译为熟语、叠词、形容词。由于例句数量不足，分析不够充足，因此翻译方法不够全面。今后将更广泛地收集资料，补充更多的翻译方法。

参考文献

[1] 浅野鹤子. 擬音語・擬態語辞典. 金田一春彦, 解说. 東京：角川書店，1978.

[2] 王冠华. 浅谈宫泽贤治童话中的拟声拟态词. 日语学习与研究，2003(1):77-80.

[3] 韦努蒂. 译者的隐身：一部翻译史. 上海：上海外语教育出版社，2004.

[4] 中国社会科学院语言研究所词典编辑室. 现代汉语词典.5版. 北京：商务印书馆，2005.

[5] 周霞. 关于日语拟声拟态词的词性问题探讨. 考试周刊，2008(36):18-19.

[6] 朱安博. 归化与异化：中国文学翻译研究的百年流变. 北京：科学出版社，2009.

[7] 藤涛文子. 翻译行为与跨文化交际. 天津：南开大学出版社，2018.

（作者系湖北第二师范学院外国语学院讲师）

菅原道真家书主题汉诗研究

马凤超

【摘　要】 菅原道真是日本平安时代的汉学大家，著名的汉诗人，死后更是被封为"学问之神"。他一生所作汉诗、汉诗文被收录在道真所编录的私家集《菅家文草》《菅家后草》中，其一生两度左迁经历使他创作了许多感怀伤身之作，其中有几首以家书为主题的汉诗文。本文对这一题材展开研究，剖析这一记录道真左迁经历的重要侧面，以此为菅原道真研究提供一个重要侧面。

【关键词】 菅原道真　家书　贬谪诗　感伤诗

菅原道真是日本汉文学史上可称"第一人"的大诗人，他出身儒家却能在生前官至从二位右大臣，死后更是两度受加封，获赠太政大臣一职。不仅如此，因其死后日本发生了以"清凉殿落雷事件"为首的一系列怪异事件，这些怪异事件被认为是道真的怨灵作祟，死去的菅原道真被神格化，成为日本的"学问之神""雷神"等，各地修建天满宫，将道真视作日本神道教的一个神灵而敬奉。

然而，死后的哀荣尽享并不能抹杀道真生前惨遭贬谪的左迁经历，在《菅家后草》中就收录了许多道真被贬后所作的汉诗。国内学者肖瑞峰指出，是左迁的经历使菅原道真完成了从"诗臣"到"诗人"的蜕变，认为菅原道真真正夺得日本平安朝诗坛冠冕的原因正是其左迁经历[①]。因此研究其

---

① 肖瑞峰. 从"诗臣"到"诗人"的蜕变：论菅原道真的汉诗创作历程. 吉林大学社会科学学报，1998(5)：76-82, 95.

左迁时期所写的贬谪诗对研究菅原道真有着重要意义,日本和中国的学者也多将着眼点放在其贬谪诗上。近年来,中国学者对道真贬谪诗的研究集中在意向研究、与杜甫对比研究上。笔者在其大量的贬谪诗中关注到部分与家书相关的汉诗文,而家书正是记录其遭贬谪离家的重要信物,杜甫也有名句"烽火连三月,家书抵万金"。家书作为现代通信方式普及之前家人之间维系感情的关键,是一种极为特殊的文学形式。因此本文将在梳理菅原道真生平的基础上,对其家书主题的贬谪诗展开论述。

一、菅原道真的生平及两次左迁经历

菅原道真生于日本承和十二年六月二十五日(845年8月1日),延喜三年二月二十五日(903年3月26日)去世,是日本平安时代的学者、汉诗人、政治家。是参议菅原是善的第三个儿子。生前最高官位是从二位右大臣,死后获赠正一位太政大臣。菅原道真自幼就长于诗歌,11岁就能写汉诗。日本贞观四年(862年),18岁的菅原道真成为文章生,867年,被选为文章得业生而初入官场。道真的诗才被朝廷认可,身为当时日本朝廷第一人的藤原基经对道真的诗才也十分称道。其父菅原是善也数度令道真代笔。元庆元年(877年)任式部少辅之余兼任了文章博士。父亲去世后,道真主宰了祖父菅原清公建起的私塾菅家廊下,同时在朝廷内部也逐渐成为文人圈子的中心。

仁和二年(886年),道真被免去式部少辅和文章博士的职位,任赞岐守,赴赞岐。道真将此次赴职称为"左迁",数次表达自己的悲伤遗憾之意。在众人为道真举办的送别宴上,藤原基经吟诗,命道真和诗,道真却一时百感交集,不能相和。

宽平二年(890年),阿衡事件后橘广相病逝,道真代替橘广相成为宇多天皇的近臣,翌年,道真补任藏人头,成为近臣中的近臣。后道真虽多次上书天皇请愿辞去藏人头一职,但天皇并不接受,这也体现出道真十分被宇多天皇重视。而后官位也一再升高,位列公卿行列。道真的女儿也嫁入皇室,成为宇多天皇的女御。到了宽平五年(893年),宇多天皇立敦仁亲王(即醍醐天皇)为皇太子之时,身边商谈此事的只有道真一人。宽平六年(894年),被任命为遣唐大使,但因唐朝内部局势不稳定,907年,唐朝灭亡,遣唐一事也就此停止。

宽平九年（897年），宇多朝末期，藤原时平任大纳言兼左近卫大将，同时道真任权大纳言兼任右近卫大将。同年，宇多天皇让位给敦仁亲王（即醍醐天皇）后，宇多天皇亲嘱醍醐天皇继续重用菅原道真，于是道真于昌泰二年（899年）升任右大臣，和藤原时平并列左右大臣之位。道真再次因门第过低，出身受到诟病而提交辞职的请愿，仍然遭到拒绝。将编纂的家集进献给醍醐天皇，受到激赏。而后更是升到从二位，可以说菅原道真作为一个儒家出身的大臣，其官途虽不能说十分畅达，但在非贵族出身的大臣中也已经十分难得。

可此后不久，道真就因"欺骗宇多上皇""图谋废除醍醐天皇而立自己女婿齐世亲王"的流言被醍醐天皇下令左迁，任太宰权师。宇多上皇听闻此事后欲与醍醐天皇会面相商，却被阻拦。一般认为，流言乃是藤原时平的谗言。道真从官至从二位的右大臣被贬为无官品的虚职，内心十分抑郁愤懑，《菅家后集》中收录的《叙意一百韵》等伤怀诗即为道真因被贬而自伤、自叹之语。在这种抑郁的心绪下，被贬仅两年后的延喜三年（903年）二月二十五日，菅原道真在太宰府仓促离世，享年59岁。

二、菅原道真谪守赞岐时期的家书主题贬谪诗

仁和二年（886年），道真突然被贬谪到日本四国东北位置的南海道之国赞岐。中国学者高文汉在《道真文学与白居易诗歌》中认为，道真此次被贬是当时掌握着朝廷最大权力的藤原家族排挤外姓诸臣导致。高文汉指出，道真被贬的契机是，时任关白藤原基经的长子、16岁的藤原时平在仁寿殿举行了隆重的元服仪式，光孝天皇亲自为其加冠。藤原一族光鲜无比的同时，仅过半月，朝中多名高官就被无故易职，道真在这场变故中被免去式部少辅和文章博士的职位改而驻守边国任赞岐守。暮年登位的光孝天皇则十分重用关白藤原基经，甚至下诏让藤原基经代摄一切政务。

而当时的藤原家族不满于文人群体出身平平却位居中央官职的现象，大肆鼓吹"诗人无用"论，借此排除异己。道真自然成为打击的对象。此次贬谪对11岁就会作汉诗，23岁选为文章得业生的菅原道真来说，是十分大的变故，是对其政治官途和个人性格的第一次打击。

这一时期从仁和二年（886年）至宽平二年（890年），即由道真42

岁至46岁，四年间道真这位汉诗人创作了83首感伤诗，占此时期所作汉诗的一半以上①。从感伤诗的数量也可参见此次贬谪赞岐对道真的确是一次打击。

在赞岐期间，道真只能靠一封封家书同家人联系。仁和四年（888年）六月，远在赞岐的道真收到一封从京都寄来的家信，道真将读信的感叹写入汉诗《读家书·有所叹》中。"一封书到自京都，借纸公私读向隅"，道真边读信边向房间一角走去，家信里写着家庭的现状，孩子因为担忧远谪的父亲生病了，也写着京都人人都在传闻着"阿衡事件"。可见，道真左迁在外担心的并不只家中妻儿，也担心着政事。这也侧面表达出道真对藤原家族"诗人无用论"的严肃态度。

宽平元年（889年），道真收到了14岁的长子高视寄来的信。道真打开信，只看到草草了事的问候，儿子着重写的却是为父亲道真送来岛田忠臣的《禁中瞿麦花三十韵》一诗之事，故此道真在一首无题汉诗的开头写道："家儿不问老江渍，只报相如遇好文。"

同样在889年的年末，45岁的道真写汉诗《庚申夜·述所怀》一首，其中有一句"灯前反复家消息"。此时宽平元年只剩下1个月就要结束了，诗人期待着初春的到来。但是，也许是因为晚冬的缘故，庚申的夜晚太过漫长，诗人道真只好拿出家人的信重读了一遍又一遍。

而在《早秋夜咏》一诗中，道真写道："家书久绝吟诗咽，世路多疑托梦占。"在早秋微微发凉的夜里，诗人道真愁绪难抒，涕泪湿襟，诗人自称自五十岁起就不再为身外之事所扰，对赞岐守之外的工作也丝毫不再关心、不再参与。但家书却久久没了消息，这让诗人无法再置之度外，道真愁绪满怀，连吟诗都因哭咽而不能行，对家人的担忧和对自己命运的无解让他只能借梦来占卜家人与命运。从道真诗中的描述可以看到，与家中妻儿的家书通信，是他遭贬赞岐的唯一慰藉，多日断绝的家书让自以为已经无谓人生痛苦烦忧的诗人再次回归现实世界的烦忧之中。

三、菅原道真贬至太宰府后的家书主题贬谪诗

前面叙述道真生平时已经提到，昌泰二年（899年）道真升任生前最高、最显赫的官职右大臣，和藤原家族的藤原时平并列左右大臣之位。对

---

① 吕晓宁.菅原道真感伤诗研究.青岛：青岛大学，2014.

于菅原道真这样一个儒家出身的大臣,已经称得上是"皇恩浩荡"。可这份浩荡皇恩并没有一直持续下去,两年后的昌泰四年(901年),道真就因"欺骗宇多上皇""图谋废除醍醐天皇而立自己女婿齐世亲王"的流言被醍醐天皇下令左迁,任太宰权师。一向爱惜、重用道真的宇多上皇因被阻拦没有左右此事的机会。道真从官至从二位的右大臣被贬为无官品的虚职之后,自他的长子菅原高视起四个成年儿子被处以流刑。道真自己在《咏乐天北窗三友诗》中"自从敕使驱将去,父子一时五处离"两句就是对这一经历的写照。道真只得带着余下尚未成年的儿女来到生活环境极为恶劣的太宰府。

这次贬谪与第一次大不相同,菅原道真失去了人身自由,被软禁起来。而且生活条件非常恶劣,少粮断炊,时时面临着死亡的威胁[①]。面对缺衣少粮的困苦生活,身为父亲的道真写下《慰小男女》慰藉尚不懂事的幼子幼女道:你们的姐姐们留在家中,哥哥们被贬他乡,你们能随我一处,同吃同睡已是万幸。虽然不同往日的富贵,但总算"临暗有烛灯,当寒有棉絮"。这首写给幼年子女的慰藉汉诗,也是诗人道真对自己的安慰。

然而这种安慰或许可以安抚小儿女,却不能真正意义上慰藉菅原道真抑郁的心绪。屋漏偏逢连夜雨,家书除了能带来家人近况,也会带来悲伤的消息。延喜元年九月,家中寄来的书信中传来道真的老友奥州藤原氏去世的消息。在长诗《哭奥州藤使君》的开篇一句就是"家书告君丧",短短五字足以想象道真收到期盼已久的家信却得知丧闻的苦痛心情。长诗中回忆了老友的为人秉性、事迹过往,说到自己的老友,道真不禁"言之泪千行",可回看自己也是"生路今如此",风烛残年,远迁他乡。

第一次左迁赞岐,诗人道真写下《读家书·有所叹》,二度左迁,道真又写下一篇《读家书》,开篇写道"消息寂寥三月余,便风吹着一封书",道真寂寥地等待着书信,已经三个月毫无消息,终于伴着冬风又送来一封家信,信中说"西门树被人移去,北地园教客寄居",自己在边远太宰府的生活困苦,家中日子也十分艰难,连门口的树都被人移走,园子也被人占去,自己的妻子女儿又住在何处呢。自己却犹有闲情在纸中放入生姜命以药名,用海带包起竹子用在礼佛之事等,丝毫没有念及家中妻子女儿的饥寒困苦,道真又写道"不言妻子饥寒苦,为是还愁懊恼余"。

---

① 吕晓宁.菅原道真感伤诗研究.青岛:青岛大学,2014。

四、结论

　　日本平安时代汉诗人菅原道真的感怀诗、贬谪诗一直备受中日学者关注，本稿将着眼点放在感怀贬谪诗中以家书为主题的汉诗文上，梳理了道真两次左迁过程中记述家书、家信的汉诗文作品。从中可以看到，两次左迁对道真的打击之大，家书作为慰藉，是远离家园的道真最期盼的消息，几月没有消息时的担忧、寂寥都跃然纸上。

　　而两次左迁又有不同之处，贬谪到赞岐时，道真尚不满50岁，虽自己去家千里，可家中妻子儿女都未受牵连，道真自己也尚有心绪担忧诸如阿衡事件等朝廷政事。而到了第二次左迁，被贬太宰府，道真身边只有尚未懂事的小男小女，年长成年的儿子们也受到自己的牵连被流放到各地，女儿们困守家中，京都的家连树都被人拔去，分散各地的一家人都面临着饥寒困苦的生活。家信中满目疮痍的凄惨生活，还偶有老友去世的丧闻，这些都使道真的愁苦心绪愈积愈多，无可排解，终在被贬两年后仓促离世。本文通过对道真两次左迁的家书主题汉诗文的梳理，特别是对两次左迁家书的对比，为道真伤怀诗研究提供了一个丰富侧面。

参考文献

　　[1]肖瑞峰.从"诗臣"到"诗人"的蜕变：论菅原道真的汉诗创作历程.吉林大学社会科学学报，1998(5):76-82.

　　[2]吕晓宁.菅原道真感伤诗研究.青岛：青岛大学，2014.

　　[3]高文汉.道真文学与白居易诗歌.文史哲，2008(6):67-72.

（作者系大连外国语大学日本语学院研究生）

学科建设与教学研究

日本防卫大学教育教学管理研究

曹 宇

【摘　要】作为培养生长干部院校，防卫大学在日本自卫队院校体系中的地位无可替代，主要承担本科和研究生教育。其中，本科教育可分为教育课程和训练课程两大部分。教育课程是指各学科专业以及防卫学相关的理论知识课程，训练课程则是为了适应未来作战勤务的军事技能和体能训练科目。为此，防卫大学在教育教学管理方面建立健全了相关制度体系，涵盖法规制度、组织编制、选拔招生、待遇保障和日常管理等方面。

【关键词】防卫大学　教育教学　内部管理

一、法规制度

防卫大学的法规制度主要包括三个层面：一是学校教育法；二是防卫省层面适用于全军的指令性政策文件；三是防卫大学制定的内部规章制度。

（一）学校教育法

这是国家层面的根本大法，对幼儿园、小学、中学、大学、大专、职业学校等各个层次和阶段的教育从法律层面进行了规范和要求。具体而言，防卫大学作为生长干部培训的主体院校，其相关规定必须符合学校教育法关于本科和研究生培养的相关要求。

（二）防卫省设置法

防卫省设置法主要明确了防卫省的设置、任务以及为高效率执行任务而建立的各个组织。在其中的第二章第二节第四条第三十三款中明确规定防卫省的工作内容之一就是负责指导防卫大学、防卫医科大学以及相关科研院所的教育训练及科学研究活动。在第四节中还对防卫大学和防卫医科大学的办学定位和主体任务进行了细化和明确。自卫队法主要明确了陆海空三军的部队训练以及对各军种直属院校教育的指导性意见和总体目标。

（三）内部制度

防卫大学的内部制度涵盖面广。从教育教学管理方面而言，主要有《防卫大学主要领导职责和分工规定》《防卫大学教育训练会议制度》《防卫大学教授会会议制度》《防卫大学学籍管理规定》《防卫大学本科学习规定》《防卫大学研究生学习规定》等；从管理方面而言，主要有《防卫大学本科生奖惩规定》《防卫大学警备规定》《防卫大学学员着装规定》《防卫大学学员日常管理规定》《防卫大学车辆使用规定》《防卫大学枪弹使用规定》等；从教学保障方面而言，主要有教学设施管理委员会、图书委员会、《防卫大学纪要规定》等；从教学评价方面而言，主要有防卫大学教学自评制度，大学成立自评委员会，成员为大学校长、副校长、干事、总务部部长、教务部部长、训练部部长、图书馆馆长、总研究官、各学科群负责人以及大学校长指定的其他人员。

二、组织编制

（一）内设机构

防卫大学主要由校长1人（文职事务官）、副校长2人（1人为文职教官、1人为文职事务官）、干事1人（拥有师长任职经历的中将）、总人事官1人，以及总务部、教务部、训练部和各学群构成。副校长和干事一起辅助校长管理学校事务，干事主要分管训练部的相关事务，文职教官担任的副校长主要分管教务部的相关事务，文职事务官担任的副校长则分管除教务部和训练部之外的其他事务。学科教研室按照所属学科专业的类别和性质划分为不同的学群进行管理。防卫大学共有6大学群，分别为综合教育学群、人文社会科学群、应用科学群、电子信息工学群、系统工学群、防卫学教育学群。此外，防卫大学参照地方高等院校模式设置了教授会，由校长、文职教官担任的副校长和教授构成。（防卫大学的内部编制结构参见附录1）

（二）教官类别

防卫大学的教官可分为两大类：一为自卫官教官，一为文职教官。通常自卫官教官承担防卫学相关课程以及军事训练科目的教学，文职教官主要承担非军事类的文化素养和专业技术科目的教学。

防卫大学教官总数约320名，其中自卫官教官约40名，文职教官约280名。自卫官教官都集中在防卫学教育学群（如表1所示），通用文化课和学科专业课由文职教官承担。

表1　防卫大学防卫学教育学群教官员额

防卫学教育学群下属教研室	教官总人数/人	自卫官教官人数/人
安全保障与危机管理教育中心	6	3
国防论教研室	15	14
战略教研室	16	15
指挥和战史教研室	10	10

由表1可知，课程内容与军事关联度越大，自卫官教官的比例越高。其中，指挥和战史教研室全是自卫官教官，国防论教研室和战略教研室各有1名文职教官，安全保障与危机管理教育中心的文职教官和自卫官教官各占一半。

三、教学科研

（一）本科教育

防卫大学四年在校本科生总人数约2 120人，其中一年级学生约530人，分成16个班级，每个班级的基准人数为33人，其中人文社科专业约100人，理工科专业约430人。在一年级下学期，将学生按照毕业去向，按2∶1∶1的比例确定陆海空军种人数，如果毕业后要成为飞行员，另有专门的身体要求和视力要求。从第二学年开始，确定未来军种的学员按照各军种要求接受专业教育和军事训练。

防卫大学的本科教育大致可分为教育课程和训练课程两大部分。教育课程是指各学科专业以及防卫学相关的理论知识课程。训练课程则是为了适应未来自卫队作战勤务的军事技能和体能训练科目。

1.教育课程，大体可分为两大模块。一是参考日本文部科学省制定的大学设置标准开设的素质教育课程、外语、体育和专业课程。这部分课程与地方大学的同专业课程设置基本相同。其中，素质教育课程实行文理交叉教育，人文、社会科学方向的学生将学习"数学""物理""化学"等课程，理工学方向的学生将学习"思想与文化""历史学""心理学""政治学""经济学""法学"等课程。二是防卫学课程。防卫学课程贯穿整个本科四学年的学习过程，主要包括防卫学基础、国防论、军事史绪论、战略、军事与科学技术、作战、指挥等科目。此外，还特别开设了防卫英语作为选修科目。在校教育课程的学分如表2所示：

表2 防卫大学课程学分

科目		毕业所需学分	
		人文社科类	理工类
素养教育		24学分以上	24学分以上
外语	英语	12学分以上	12学分以上
	二外	2学分（任选一门二外）	
体育		6学分	
专业基础		18学分以上	30学分以上
专业		66学分以上	54学分以上
防卫学		24学分以上	
合计		152学分以上	

2.训练课程，目的是让学员熟练自卫队员必备的基础训练科目，了解干部自卫官的职责，并培养相应素养和技能。防卫大学本科学员在校四年期间的训练时间总计1 005小时。由于学生在第2学年会确定毕业后的军种方向，因此训练课程又可分为全体参加的共同训练科目和陆、海、空自卫队相应的专业训练科目。根据实施时间和方式的不同，又可分为每周2小时的日常训练和每年定期进行的集中训练（为期1个月的集中训练1次，为期1周的集中训练2次）。共同科目的训练主要有部队见学、基本素养、战斗训练、手枪射击、野外勤务、操舟、卫生、游泳、滑雪、硫黄岛调研、教育法等。陆上自卫队学员的训练科目主要有单兵战术训练、野战工事构筑、警戒侦察、各类武器操作、通信、指挥运用基础、部队实习等；海上自卫队学员的训练科目主要有航海概论、游泳、气象、信号通信、海事法

规、操舟、机动艇、上舰实习、航空实习等；航空自卫队学员的训练科目主要有滑翔机训练、指挥参谋训练、基地警备、飞机维护、通信电子、航空交通管制、部队实习等。

（二）研究生教育

防卫大学中设置的研究科相当于地方大学的研究生院，承担硕士、博士研究生的培养工作。研究科下设综合安全保障研究科和理工学研究科，分别承担综合安全保障学和理学、工学硕士及博士研究生的培养工作。

1. 前期课程

前期课程相当于硕士研究生课程，学制2年。综合安全保障研究科设有1个专业方向，即综合安全保障，每年招收学生20人。课程结束时通过大学评价与学位授予机构实施的论文审核和考试后，授予安全保障学硕士学位。理工学研究科设有"电子工学""机械工学""航空宇宙科学""物质工学""信息数理""边缘科学""地球环境科学"7个专业方向，每年招收学生90人。课程结束时通过大学评价与学位授予机构实施的论文审核和考试后，授予理学或工学硕士学位。

2. 后期课程

后期课程相当于博士研究生课程，学制为3年。综合安全保障研究科设有1个专业方向，即综合安全保障，每年招收学生7人。课程结束时通过大学评价与学位授予机构实施的论文审核和考试后，授予安全保障学博士学位。理工学研究科设有"电子信息工学""装备·基础工学""物质·基础工学"3个专业方向，每年招收学生20人。课程结束时通过大学评价与学位授予机构实施的论文审核和考试后，授予理学或工学硕士学位。

（三）科研工作

所属人员可以积极申报各类科研课题，也可以获得文部科学省以及各类财团的经费支持，但对于经费使用和过程管理的要求很严格，监督管理机制也比较健全。从组织结构而言，防卫大学校长是科研管理的最高管理负责人，总务部部长和教务部部长是管理责任人，大学还成立了科研监督委员会，对课题经费以及课题进展进行跟踪问责、调查评价等。课题负责人在承接课题之初，就要签订誓约书，保证不滥用科研经费，定期向学校管理机构汇报科研资金的执行情况和课题进展状况，一旦出现违规情况或遭到举报，就要全力配合调查，情况属实后，将接受相应处分和法律责任。

四、选拔招生

防卫大学的报名条件为:年满 18 周岁未满 21 周岁;品格优良,身体状况良好;完成高中或职业技术学校的三年学习或具有同等学力者。

下列相关人员不能成为推荐对象参加考试:① 没有日本国籍。② 根据自卫队法第三十八条第一款规定不能成为推荐对象的人员,即受到管制以上刑事处罚的人员、受到惩戒免职以上行政处分未满两年的人员、组织或参加主张暴力破坏日本宪法或现任政府的政党的人员。

防卫大学的招生选拔分为三种模式,分别是普通招生、推荐招生和综合选拔招生。

(一)普通招生

普通招生是对大多数考生适用的招生模式,防卫大学通过普通招生每年在人文社科类录取约 55 名(男生约 40 名、女生约 15 名),在理工类录取约 225 名(男生约 190 名,女生约 35 名)。

普通招生的报名时间一般在每年的 7 月 1 日至 10 月 26 日,学生要经过两轮考试/考查,第一轮考试是参加日本的高考,在 1 月份进行,考试科目如表 3 所示。

表 3 防卫大学普通招生考试科目

人文社科专业			理工科专业			考试时长
英语	交际英语 1、2、3 英语表达 1、2		英语	交际英语 1、2、3 英语表达 1、2		100 分钟
数学·社会	数学 1、2 数学 A、B	三选一	数学	数学 1、2、3 数学 A、B		人文·社科 90 分钟 理工科 120 分钟
	日本史 B					
	世界史 B					
日语	日语综合 现代文 A、B 古典 A、B		理综	物理基础·物理 化学基础·化学	二选一	人文·社科 120 分钟 理工科 90 分钟

注:表中数字"1""2""3",英文"A""B"表示各门课程的难易程度。

第二轮考查在防卫大学进行，主要包括口试和体检两个方面。体检合格标准如表 4 所示。

表 4 防卫大学体检合格标准

检查项目	合格标准	
	男子	女子
身高	150 cm 以上	140 cm 以上
体重	参考在校生的"身高体重对照表"	
视力	两侧裸眼视力 0.6 以上，矫正视力 0.8 以上（国际标准视力表）	
色觉	没有色盲或高度色弱	没有色盲或高度色弱
听力	正常	正常
牙齿	无缺失	无缺失
其他（尿检和胸透等）	1. 身体健康，没有慢性疾病和传染病，四肢关节正常。 慢性疾病包括： （1）支气管哮喘（幼年得过哮喘，但最近三年在没有服药的情况下没有发作的，不属此列）； （2）需要经常治疗且具有传染性的重度过敏性皮炎； （3）腰痛（5 年以上无症状且没有发作危险的，不属此列），5 年以内接受过脊椎方面手术； （4）有癫痫、意识障碍症既往史； （5）过度肥胖； （6）高血压、低血压。 2. 没有开腹手术既往史的人员，以下情况例外： （1）外腹股手术、脐疝手术； （2）阑尾切除手术； （3）实施腹腔镜手术 1 年后没有复发和后遗症； （4）开腹手术 5 年后没有复发和后遗症。 3. 没有文身；没有自杀企图既往史；没有怀孕；没有躁狂、抑郁等精神疾病既往史。	

（二）推荐招生

这类招生是指考生由日本普通高中或职业学校校长进行推荐，除了满足基本报名条件外，还应当成绩优异、在学生会和相关校俱乐部活动中表现突出、具备领导能力。招生人数一般为人文社科类约 35 名，理工类约 135 名。

推荐招生的报名时间一般在每年的 9 月 5 日至 9 月 9 日，考试科目如表 5 所示。

表 5　防卫大学推荐招生考试科目

人文社科专业		理工科专业		考试时长
英语	交际英语 1、2、3 英语表达 1、2	英语	交际英语 1、2、3 英语表达 1、2	50 分钟
小论文		数学	数学 1、2、3 数学 A、B	60 分钟
		理综	物理基础・物理 化学基础・化学	二选一

注：表中数字"1""2""3"，英文"A""B"表示各门课程的难易程度。

除了笔试之外，还要进行口试和体检。口试包括集体讨论和个别面试两种形式，体检合格标准如表 4 所示。

参加推荐招生的考生不能同时参加综合选拔招生；推荐招生合格的考生不参加普通招生。

（三）综合选拔招生

综合选拔招生除了要求考生符合基本报名资格外，主要考查考生以下方面的情况：① 在社会活动中领导力作用的发挥情况，体育运动中是否获得优异成绩以及是否由此获得责任感、丰富的人性、强健体魄和强大意志力。② 解决实际问题能力和潜在学习能力。③ 将来成为领导者所需的能力和资质。

综合选拔招生的报名时间一般在每年的 9 月 5 日至 9 月 9 日，招生人数总计约 50 名（其中女生约 10 名）。参加综合选拔招生的考生要参加两轮考试，第一轮考试在 9 月 24 日举行，考试科目如表 5 所示，与推荐招生的考试科目相同。第二轮考试设在防卫大学内，主要考查内容如下：

表 6　防卫大学综合选拔招生第二轮考查内容

科目	考查内容
适应能力测试	给学生一个课题，评判其集体生活的适应性
解决问题能力测试	给学生一个课题，评判其在小组内处理、解决问题的能力
基础体能测试	有跳远、投掷等内容，评判其基础体能

此外，与推荐招生一样，考生还需要通过口试和体检。考生无论以哪种招生模式被录取，前往学校报到时还要接受二次体检，包括药检和妊娠检查，不合格者被取消入学资格。

五、待遇保障

（一）生活待遇

防卫大学学员的身份是特别职国家公务员[①]，主要任务就是完成专业学习和军事训练，免除学费，还可以每月领取约 11 万日元的津贴，每年的 6 月和 12 月领取两次奖金（合计约 40 万日元）。免费发放四季服装。在防卫省指定医院享受免费医疗服务。学生宿舍配套齐全，每间宿舍住 8 名学员，从一年级到四年级共四人，一年级两人，四年级两人，以老带新。学员宿舍中配有会议室、简易厨房、淋浴室、洗衣房等；学生会馆地下一层、地上四层，从地下一层到二层，学员可以购买生活用品，小到邮票，大到电器产品，三层和四层多被学员俱乐部利用。

（二）教学保障

防卫大学位于三浦半岛东南端的小原台，西面可以眺望富士山，临近东京湾，占地面积约 65 万平方米，建筑面积约 17 万平方米。校园内，教学训练场地开阔，生活配套设施齐全。教学大楼、实验楼、射击训练场、海上训练场、飞行训练场、室内体育馆、室外运动场、校史馆、医务室、图书信息大楼等等一应俱全。

六、日常管理

（一）学员队管理

学员队由 4 个大队构成，每个大队有 4 个中队，一个中队有 3 个小队，每个小队约 40 名学员。防卫大学的训练部部长和各指导教官（干部自卫官）具体负责学员队管理，其中，训练部部长和总指导教官负责总体筹划和组织，首席指导教官负责大队管理，副指导教官负责中队管理，普通指导教

[①] 所谓特别职，就是不适用国家公务员法和地方公务员法。

官负责小队管理。每个大队下辖若干中队,分别有自己的队旗,分别为红、蓝、绿、橙。每个中队又下辖若干小队。具体如图1所示:

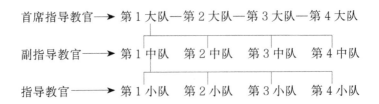

图1

学员日常学习生活中的管理主要依靠学员的自律以及学员骨干(通常为高年级学员)的组织,指导教官只负责大方向的指导。同时,学校规定高年级学员不得随意打压低年级学员,但低年级学员需要绝对服从高年级学员的管理。

学员统一住校,从二年级开始,学员周末可以在外留宿,但一年中有次数限制(二年级学员可在外留宿11次,三年级学员可在外留宿16次,四年级学员可在外留宿21次)。防卫大学学员的一日生活制度如表7所示:

表7 防卫大学学员的一日生活制度

时间	内容
6:00	起床
6:05	早点名
6:10—6:30	打扫卫生
6:35—7:20	早饭
8:00	升国旗
8:30—11:40	上午四节课
12:00	中饭
13:15—16:25	下午四节课
17:00—18:30	课外活动
17:30—19:15	淋浴时间
18:15—19:15	晚饭
19:40	晚点名
20:00—22:10	晚自习
22:30	熄灯

（二）奖惩措施

防卫大学的奖励制度分为两类：一类是校长级嘉奖，一类是部长级嘉奖。校长级嘉奖又分为两类：一类是毕业嘉奖，一类是平时嘉奖。所谓毕业嘉奖，就是学员毕业时，对在教育课程、训练课程、学员队管理、体能测试四个方面的优秀学员进行嘉奖，颁发校长签名的奖状。所谓平时嘉奖，主要对在校内运动会和其他各项赛事活动中取得优异成绩的学员进行嘉奖。除了校长级嘉奖外，教务部部长、训练部部长、总指导教官等人在获得校长认可后，也可以嘉奖各方面表现优秀的学员。

防卫大学的处分分为五类，根据违反纪律的情节轻重，分别是提醒、训诫、警告、停学、退学。处分由大学校长指定的小组认定，小组成员由总务课课长、训练课课长、学生课课长、首席指导教官和一名指导教官构成。

学校教职员工如果发现学员有违反纪律的行为，可以通过机关向大学校长反映，大学校长接到相关举报后，指定相关调查人员进行事实核查，之后处分认定组根据核查结果对学员进行相应处罚认定。相关资料有保存年限要求，调查报告保存5年（退学案件保存30年），处分宣告书（副本）保存5年（退学案件保存30年），处分单保存30年。

（三）分流安置

每学年，通过考试成绩和出勤率综合评定学员成绩。在第2学年分学科专业，共有14个学科专业（人文社科类有3个学科专业、理工科类有11个学科专业），根据本人诉求和成绩决定，另外选择理工科的学员在高中阶段必须学习过相关物理课程。学员如果在第一学年无法取得35个学分，就要留级，如果依然无法取得相应学分，就要退学。

学员从防卫大学毕业后，被分别任命为陆、海、空自卫队的自卫官（曹长），作为干部候补生，分别进入陆、海、空干部候补生学校接受培训。陆上自卫队学员在干部候补生学校经过9个月的学习和训练，再经过3个月的部队实习，大约毕业1年后被任命为3尉陆上自卫官（相当于我军的少尉）；海上自卫队学员在干部候补生学校经过1年的学习和训练，被任命为3尉海上自卫官；航空自卫队学员经过约半年的干部候补生学校学习和半年的部队训练，被任命为3尉航空自卫官。

附录 1 防卫大学组织编制图

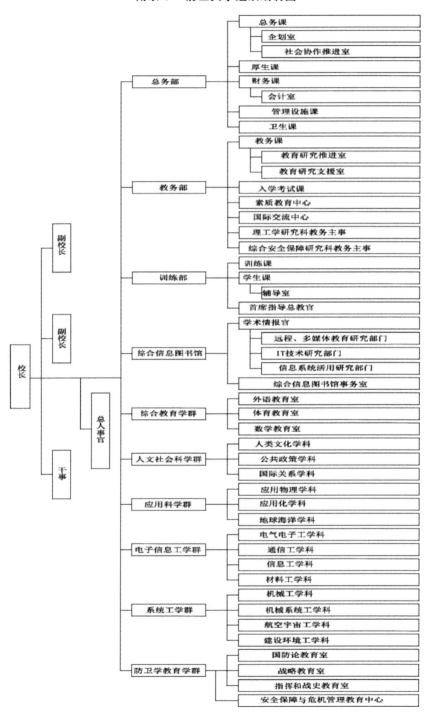

参考文献

［1］防卫大学规定（防衛大学校規則），2015.

［2］关于防卫大学学生队编成的通令（学生隊の編成に関する達），2009.

［3］关于防卫大学副校长及干事职责的训令（防衛大学校の副校長および幹事の職務に関する訓令），2005.

［4］关于防卫大学教授会内部组织及其运营的训令（防衛大学校の教授会の組織及び運営に関する訓令），2007.

［5］关于防卫大学内部组织的通令（防衛大学校の内部組織に関する達），2012.

［6］关于防卫大学评议会内部组织及其运营的训令（防衛大学校の評議会の組織及び運営に関する訓令），2015.

［7］防卫大学实施训练课程的通令（訓令課程の実施に関する達），2013.

［8］防卫大学本科学习规定（防衛大学校本科学習規程），2015.

［9］关于防卫大学、防卫医科大学名誉教授称号授予的训令（防衛大学校及び防衛医学大学校名誉教授の称号授与に関する訓令），2007.

［10］关于防卫大学及防卫医科大学学生勤务时间及休假的训令（防衛大学校学生及び防衛医科大学校学生の勤務時間及び休暇に関する訓令），2012.

（作者系国防科技大学国际关系学院副教授）

缅甸语快速入门的教学探索与实践

扈琼瑶

【摘 要】 结合长期的缅语教学实践，针对南部战区边境一线任务官兵缅甸语入门需求，考虑到参训学员的零起点基础，受制于培训时间紧、标准高的要求，通过几期缅语短训的教学经历，探索总结了"按照缅甸语语音规律，组织学员分门别类地学习""通过缅甸语和汉语语言异同对比，引领学员求同存异地学习""用某些汉语方言与缅甸语底层结构相通的特点，带领学员形象生动地学习"等一些行之有效的方法。

【关键词】 缅甸语　快速入门　教学探索

缅甸语是一种拼音文字，但因其辅音和元音字形既数量极其繁多又形状极其相似，对初学者入门造成极大的困扰。如：缅甸语有 33 个基本辅音，同时还有大量的二合辅音、少量的三合辅音和 1 个四合辅音，总计近 100 个，远超过"世界上每门语言大约平均 22.7 个辅音"的平均值[①]。再如：缅甸语元音虽只有ာ ိ ီ ု ူ ေ ဲ 等 7 种符号，但由这 7 种符号排列组合出的元音加上由基本辅音字母变形组合而成的元音，总计又有 30 多种，如果加上声调，那缅语的元音有近 90 个。又如：缅甸语文字的形状如古印度文字和东南亚文字一样，基本看不到直线，是各种圆形或半圆形的连接和叠加，极易导致初学者难以辨识其为辅音还是元音（如က ခ/ka^{53}/ɛʔ ^{4}/）、字母开口上下难分（如ဃ ဂ /ka^{53}/ya^{53}/）、符号左右难认（如င ၎ /$ŋa^{53}$/a^{22}/，ဟ ၊ /ha^{53}/la^{53}/）。

根据缅语扫盲培训任务需求，鉴于培训时间短、培训目标明确，缅甸语快速入门就成了短训教学的重难点问题。为了在很短的时间内让学员快速准确地掌握缅甸语语音，从而腾出更多时间学习必须掌握的缅甸语常用

---

① 语言学午餐.语言的30个小秘密.北京：中信出版社，2017：118.

知识和必要的任务用语，经过几期教学探索与实践，笔者按照缅甸语语音规律，组织学员分门别类地学习，通过汉缅语言声调和音节异同比较，引领学员求同存异地学习，利用某些汉语方言与缅甸语底层结构相通的特点，带领学员形象生动地学习，收到较为明显的成效。现分享于各位同行，恳请各位专家教授批评指正。

一、按照缅甸语语音规律，组织学员分门别类地学习

缅甸语字母和元音都是有规律的，不是杂乱无章的，把辅音和元音分作2个系统，在各自系统的框架下只需要做拼图学习，这样教与学会更加轻松。现在缅甸语33个辅音字母就是按照辅音字母表来教学，一目了然，方便记背。其实缅甸语元音也是非常有规律的，如果按照缅甸语元音自身的规律组织教学，会起到事半功倍的效果。

根据北京大学汪大年教授的分组归类，缅甸语元音的排列如表1（作者转写）[①]：

表1 缅甸语元音的排列

单元音	短促元音	鼻元音
-ာ /ɑ^{22}/	-က်｜-တ်/aʔ^4/	-န်｜-မ်｜-ံ/ã/
ီ /i^{22}/	-စ်/iʔ^4/	-ဉ်｜-ိံ/ĩ/
ူ /u^{22}/	-ုတ်｜-ုပ်/uʔ^4/	-ုံ/ũ/
ေ-/e^{22}/	ေ-ာက်｜-ိုက်/eiʔ^4/	ေ-ာင်｜-ိုင်/eĩ/
-ယ် /ɛ^{22}/	-က်/ɛʔ^4/	
ေ-ာ် /ɔ^{22}/	ေ-ာက်/auʔ^4/	ေ-ာင်/aũ/
ို /o^{22}/	-ုတ်｜-ုပ်/ouʔ^4/	-ုံ｜-ို/oũ/
	-ိုက်/aiʔ^4/	-ိုင်/aĩ/

根据这张元音表来进行元音教学，就能把如此多"长相相似"的元音进行归类，对于教学的好处有两个：第一，只要掌握了单元音，就可以轻松读出同组的短促元音和鼻元音，不会出现鼻元音位置找不准的情况。第二，可以进一步发现缅语元音的规律：即短促元音和鼻元音都是由辅音字

[①] 汪大年.缅甸语汉语比较研究.北京：北京大学出版社，2012:94.

母表变化而来，即所有的短促元音都是由辅音字母表第一列字母加符号ႍ而来(ကႍ除外)的。所有的鼻元音都是由第五列字母加符号ႍ而来(-ငႍ除外)。这些对于学员认读元音和记背元音都非常有益。

二、通过缅甸语和汉语语言异同对比，引领学员求同存异地学习

（一）缅甸语和汉语音节之异同

1. 缅甸语与汉语同为单音节文字。两种语言的每个音节都包括辅音、元音和声调三部分。如汉语的"缅甸——miǎn diàn"，缅语的"缅甸——မြန်မာ/mjã²²ma²²/"。

但缅甸语有元音和声调的省略而汉语则无。如：缅甸语辅音字母单独成音节时，可以不加元音和声调，此时元音默认为基本元音ာ/a/，声调默认为高降调。如："တတိယ / ta⁵³ti⁵³ja⁵³ /——第三" "နဝမ/na⁵³wa⁵³da⁵³/——第九" "လှပ/hla⁵³ba⁵³/——美丽的"。汉语则不能省略元音和声调，如"搭讪——dā shàn" "达成——dá chéng" "打架——dǎ jià"，"大地——dà dì"。

2. 缅甸语和汉语都是音节结构整齐、音节之间边界清晰的语言，当两个音节相连时，两种语言中都会出现两个音节之间不适当的连接导致音节混淆的可能。如汉语"大衣——da yi"，不适当的连接就变成"dai"，如缅语"坛坛罐罐——အိုးအီး/o²²ĩ²²/"，不适当的连接则变成"ဂျိုး"。为了避免此类情况的发生，两种语言都需要零辅音字母承担隔音符号的作用。

汉语有两个零辅音字母"y, w"，同时汉语的零辅音音节有的需要加零辅音字母，有的不需要加零辅音字母。如汉语的"a, o, e, i, u, ü"中，"a, o, e"不需要零辅音字母，如："安全——ān quán" "恩情——ēn qíng" "欧洲——ōu zhōu"。而"i, u, ü"需要零辅音字母，分别为"y, w, y"，如："衣服——yī fu"，"无我——wú wǒ"，"愚公——yú gōng"。

缅语只有一个零辅音字母အ/a⁵³/。缅语所有零辅音音节必须都加零辅音字母，如：အန/a²²na²²/，不可写成နႍ，再如အိအား/ĩ²²ã²²/，不可写成ငႍးႍ。

3.缅甸语与汉语的声调都附着在元音上,没有无声调的元音,也没有无元音的声调。但现实读音中两种语言都有大量的轻声现象。缅甸语的轻声只出现在非尾音音节上,而汉语的轻声只出现在非首音音节上。如:

缅语:"中国——တရုတ်/dəjouʔ⁴/""第一——ပထမ/pətəma⁵³/""糍粑——တမနဲ/təməne⁵⁵/"。

汉语:"鸽子——gē zi""东西——dōng xi"。

(二)缅甸语和汉语声调的异同

1.元音声调特征和调值对比。缅甸语和汉语都有四个声调。按照赵元任先生创制的标注调值的"五度标调法"①,缅甸语四个声调和汉语四个声调的特征和调值对照如表2:

表2 汉语和缅甸语声调调型及调值对照表

汉语调型及调值 29	缅语调型及调值 30
阴平(高平)55	低平 22
阳平(中升)35	高降 53
上声(降升)214	高平 55
去声(高降)51	短促 4ʔ

根据表2可以发现:缅甸语的四个声调与汉语的四个声调有两个声调的调型一致且调值几乎相同。汉语有平、升、降三个调型,而缅语只有平和降两个调型。

缅甸语和汉语中声调都有区别词义的作用。如汉语的"妈 mā""麻 má""马 mǎ""骂 mà",缅甸语的"စု/su²²/(嘴)撅起""စူ/su⁵³/(嘴)撅拢""စူး/su⁵⁵/(嘴)撅尖"。

汉语如声调不同则意思完全不同,但缅甸语中存在声调不同意思却相近的现象,随着声调的由低到高而词汇意义也由弱到强。"一般说来低平调表示程度较轻,高降调表示稍强,而高平调表示程度最强。"②

2.缅甸语和汉语的元音音长对比。古代汉语"平、上、去、入"四声中的"平、上、去"三声与"入"之间是有音长的差别的,即所谓的"舒与促"。"入声"读音短促,一发即收。"入声"在现代汉语中已消解,

---

① 李如龙.汉语方言调查.北京:商务印书馆,2017:41.
② 汪大年.缅甸语汉语比较研究.北京:北京大学出版社,2012:169.

"汉语声调的性质是：音节之内，有区别意义作用的相对音高和音长的形式。音高和音长二者，音高是主要的……"①现代汉语"阴平、阳平、上、去"四声的音长几乎没有时长差别，但现代中国一些方言如粤语、闽南语、吴语和客家话等仍保留了上古汉语入声的声调。

现代缅甸语四声中还保留着鲜明的元音音长的舒促对照，即"低平、高降、高平"与"短促调"的音长差别。现代缅甸语的短促调即上古汉语中的入声调。

缅甸语短促调在语义上有会意的功能。有些短促调的动词，是要求行动迅速的动词，如：

သတ်/dθa?⁴/杀死、杀戮、屠宰，如读成"သ/dθa⁵³/"音，该动作则不迅速、不果断，在你死我活的生死决斗中容易导致杀不死对方反被杀的后果。

ဆံပင်ညှပ်/səpi²²hna³/理发，"ညှပ်/hna?⁴/剪"这个动作要咔嚓一下迅速有力，如读成"ည/hna⁵³/"，则行动绵软，拖泥带水，那是无法剪断头发的。

再如：

ဟဲ့/hε?⁴/——咯（痰）

ပစ်/pi?⁴/——投、掷、扔

ပြတ်/pja?⁴/——断

三、用某些汉语方言与缅甸语底层结构相通的特点，带领学员形象生动地学习

"缅甸现今民族中讲藏缅语的民族……来源于中国古代的氐羌族群，……史书所载氐羌大规模南迁则在战国时期。不同时期南下的氐羌部落相会于云贵高原，发展成为今藏缅语民族的核心"②。缅甸文字借用古印度文字的书写系统，且遵照"字形求华美、书写求流畅"原则，发展成现代缅文以圆为美、几乎看不到直线的风格，与汉字的字形迥异。但其先民迁徙时自带的底层词汇是古汉语，因此从现代缅语底层词汇中依稀还可辨认出古汉字的读音。而"汉语中保留较多古音的是吴、粤、闽南方言"③，

---

① 李如龙.汉语方言调查.北京：商务印书馆，2017：68.

② 钟智翔，尹湘玲，扈琼瑶，等.缅甸概论.广州：世界图书出版广东有限公司，2012：60.

③ 汪大年.缅甸语汉语比较研究.北京：北京大学出版社，2012：415.

因此缅语底层汉语词汇与汉语中方言词汇读音有极高的相似性。如：

မျက်/mjɛʔ⁴/ ——目 ①

နိုင်/naĩ²²/ ——能 ②

ပြန်/pjã²²/ ——还 ③

တူ/tu²²/ ——箸 ④

ပင်/pĩ²²/ ——本 ⑤

ငန်း/ŋã⁵⁵/ ——鹅 ⑥

另外，对缅语中一些字词，如果使用汉语的方言来翻译，则既音节对应又形象生动，词义还贴切，而用现代汉语翻译则音节不对应，字义也不准确。如（表3）：

表3

缅语	云南方言	现代汉语
စာပြန်/sa²²pjã²²/	还课	背诵，背书

缅语的"စာပြန်/sa²²pjã²²/"翻译成云南方言"还课"就特别贴切，而译成现代汉语"背诵、背书"就不太贴切。"စာပြန်/sa²²pjã²²/"对于不同的科目，"还课"的形式可能会不一样，如对于数学这个科目，若翻译成"背诵、背书"就不达意了。

再比如（表4）：

表4

缅语	云南方言	现代汉语
အဘွားကြီး/əpwa⁵⁵tɕi⁵⁵/	老妳	老太婆
ဒေါ်ဒေါ်/dɔ²²dɔ²²/	孃孃	阿姨

缅语的称谓词"အဘွားကြီး/əpwa⁵⁵tɕi⁵⁵/"与云南方言的"老妳"是一致的，此称谓只限于非面对面地、不屑或不敬地指称一个奶奶辈的女人，断然不能当面称呼（除特别熟悉打趣外），"အဘွားကြီး/əpwa⁵⁵tɕi⁵⁵/"用现代汉语

---

① 汪大年.缅甸语汉语比较研究.北京：北京大学出版社，2012:424.
② 汪大年.缅甸语汉语比较研究.北京：北京大学出版社，2012:471.
③ 汪大年.缅甸语汉语比较研究.北京：北京大学出版社，2012:415.
④ 汪大年.缅甸语汉语比较研究.北京：北京大学出版社，2012:415.
⑤ 周振鹤，游汝杰.方言与中国文化.上海：上海人民出版社，2019:270.
⑥ 周振鹤，游汝杰.方言与中国文化.上海：上海人民出版社，2019:266.

不能从字面上对应翻译成"老奶奶",而应翻译成"老太婆",因为"老奶奶"可以当面称呼,而"老太婆"则不能用于当面称谓。缅语和云南方言中当面称呼一个母亲辈的女人的称谓词也很一致,"ေချော်/ʨɔ²²ɕɔ²²/——孃孃",而现代汉语则要翻译成"阿姨",音节上有些不对应。

又比如(表5):

表5

缅语	方言	现代汉语
မုန့်/təməne⁵⁵/	糍粑	糯米糕

缅甸语与汉语虽同属汉藏语系,但因分属藏缅语族和汉语族,两种语言还是存在很大差别的。实践证明,对于来自五湖四海的具有高等教育学历背景的年轻军官缅甸语入门学习,教规律、辩异同、结合方言确实是一种行之有效的教与学的方法。

参考文献

[1] 语言学午餐. 语言的30个小秘密. 北京:中信出版社,2017.

[2] 汪大年. 缅甸语汉语比较研究. 北京:北京大学出版社,2012.

[3] 李如龙. 汉语方言调查. 北京:商务印书馆,2017.

[4] 吴洁敏,朱宏达. 汉语韵律的多维特征及其认知功能:兼论感情语调生成的原理. 上海:上海教育出版社,2019.

[5] 钟智翔,尹湘玲,扈琼瑶,等. 缅甸概论. 广州:世界图书出版广东有限公司,2012.

[6] 周振鹤,游汝杰. 方言与中国文化. 上海:上海人民出版社,2019.

(作者系国防科技大学国际关系学院副教授)

浅谈初级阶段泰语语音的学习难点及教学策略

——以 2020 级泰语组学生为例

黄心蕾

【摘　要】 本文分别从泰语辅音、元音、尾辅音和特殊读法三个方面，阐述了泰语语音学习的难点问题，例如：辅音学习中出现的发音位置相同但声调不同、汉语中无对应音位等难点；泰语元音长短音区分、与尾辅音结合后变形等问题；泰语尾辅音复杂多变，特殊拼读规则种类繁多，难以辨识背记等情况。在此基础上，结合实践教学寻求最佳教学策略。

【关键词】 泰语语音　学习难点　教学策略

任何一门语言都是由语音、词汇和语法构成的，语音是学习一门语言的基础，是语言的物质形式，没有了语音，语言就会失去它所依仗的客观实体[1]。因此，打好语音基础，对学习一门语言来说，是最基本的要求，也会对进一步的语言学习起到良好的促进作用。

泰语是拼音文字，对初学者而言，泰语复杂的字母和发音规则都给语音学习带来了极大的困难，导致很多学生会因此产生厌烦情绪，不利于今后的泰语专业学习。本文将从泰语语音教学中的辅音、元音、尾辅音和特殊读法这三个方面，以国防科技大学 2020 级外国语言文学泰语专业学生为例，研究泰语语音教学的难点及教学对策，以期为下一届学生的语音教学带来便利。

---

[1] 何芯. 泰语字母与汉语拼音字母发音对比研究. 智库时代，2020(11):295-296.

一、泰语辅音教学难点及教学策略

泰语辅音字母共有 42 个，比汉语拼音声母多 16 个字母，但这 42 个辅音字母，只发 23 个音，且泰语 42 个辅音字母又细分为中辅音、高辅音和低辅音三类，每一类辅音在单独拼读和与元音拼读时都有其自身特点。按照我院一贯的课程安排，泰语专业学生语音学习阶段为 70 学时，这就使得学生需要在有限的时间内，花费更多的时间和精力去记住每一个字母的写法及发音方法，这是具有一定难度的。经过这一段时间的教学，发现初学者在泰语辅音的学习中常出现的难点问题有以下几点：

（1）发音相同，书写不同的辅音字母的记忆。例如，中辅音 ฎฑ[d]、ฏฐ[t]，高辅音 ศษส[s]，低辅音 ฑฒทธ[th]，这几组辅音，虽然各自在书写上不尽相同，但是都发同样的音。

（2）发音位置一致，声调不同的辅音字母的记忆。泰语辅音的中、高、低辅音中，有部分辅音发音位置相同，但是发音声调不同，这一点在高辅音和低辅音中体现得尤为明显。例如，高辅音 ข[kh]，低辅音 ค[kh]，两个音都为舌根不送气清塞音，发音时用舌根触碰软腭形成阻碍，气流突破阻碍形成此音，但高辅音 ข[kh] 发第五调（同汉语阳平调），低辅音 ค[kh] 发第一调（同汉语阴平调）。

（3）汉语拼音声母无对应音位的辅音字母的记忆。前文中说到泰语辅音比汉语拼音声母多 16 个字母，大部分泰语辅音在汉语拼音声母中能找到相同发音的字母，但仍然有小部分辅音字母与汉语拼音声母无对应音位。例如：低辅音 ง[ŋ] 这个舌根鼻音，发音时舌后部抬起，紧贴软腭，气流从鼻腔泄出，声带振动，部分学生虽然知道发音原理，却容易发成 [n] 的音。泰语中特有的舌尖颤音 ร[r]，发音时舌尖向上齿龈后边卷起，舌身形成凹形，气流从舌端和硬腭之间泄出，声带振动，这个音在声母中找不到对应的音，即便总结了其发音方法，对于初学者而言也是极有难度的。

针对以上几个难点问题，在泰语辅音教学中，一般采用以下几种策略。① 示范教学法。想要学好泰语辅音，要注意舌位的变化，教员可以通过舌位图和自身演示，向学生展示每一个音节舌位的变化，或者结合音视频资源，让学生直观生动地掌握发音方法。② 趣味教学法。对于一些相似的辅音字母，可以结合字母歌，还有一些对应的词汇，帮助学生记忆同音异形的辅音字母。同时，配以不定期的复习回顾，加强学生印象。③ 小组互助教学法。前文提到的 ง[ŋ] 这个辅音,部分学生掌握不好发音方法,会发成 [n] 的音,而陕西的同学因为方言中"我"发音为 [ŋe],具有地缘优势,领会快,这时可以通过小组结对,让学生们相互纠正,相互指点。ร[r] 这个舌尖颤音,新疆方言中有类似的颤音,因此来自新疆的学生很快就能掌握此发音,但由于新疆的颤音中带有 [z] 这样的前缀音,需要克服语言习惯,去掉前缀音,而其他学生则需要后天不断练习才能发出此音,这时也可以用小组互助的方式去练习发音。

二、泰语元音教学难点及教学策略

泰语有 21 个音位,其中单元音 18 个音位,复元音 3 个音位,还有 3 个特殊元音音位。通过两个月的泰语语音学习,发现学生普遍存在的问题有以下几点:

(1)长短音不分。泰语元音最大的特点是有长短音之分。长音和短音发音声调不同,与不同类别的辅音相拼时声调也会发生变化,这在汉语拼音中是没有的。受到母语的影响,导致初学者在发音时极易忽略长短音,念出来的泰语没有了抑扬顿挫之感。

(2)近似音不分。泰语当中有几组近似音,例如:เ-ะ、เ-[e、e:] 和 แ-ะ、แ-[□、□:],อิ、อี[□、□:] 和 เ-อะ、เ-อ [□、□:],โ-ะ、โ-[□、□:] 和 เ-าะ、-อ[o、o:],这几组都是通过嘴唇的圆展和舌位的高低来进行区分的,例如เ-ะ、เ-[e,e:],แ-ะ、แ-[□、□:]虽都为展唇元音,但是后者发音时,嘴型比前者咧得更大;โ-ะ、โ-[□、□:] 和 เ-าะ、-อ[o、o:]虽都为圆唇元音,但是后者发音时,嘴巴张得更大,能感受到咬合关节打开,嘴唇不用力,而前者发音时咬合关节不打开,嘴唇略微用力。

(3)与尾辅音结合后的变形。在实际音节拼读中,当元音 -ะ[□] 和 โ-ะ[□]后边有尾辅音时,会出现变形,例如 กัน(一起),就是 ก + -ะ + น——กัน,元音 -ะ 位置上移,相对容易辨认,而 คน(人),ค +โ-ะ + น—— คน,短元音 โ-ะ 消失不见,初学者往往难以反应,无法拼读。

在泰语元音教学中,我们可以采用以下几种策略:① 模仿教学。对于长短音不分的学生,可以灵活地运用音频资料,让学生跟着音频拼读单词或短句;或者是在老师带读时,及时对学生的发音进行纠正。② 适当进行听写训练。在教学相似的元音时,可以加入适当的听力练习,听音辨字,或者通过一些简单的小游戏，例如第一个人先复述词汇，然后逐一向后传递，经由 3—5 个人传递后，最后一个学生根据所听到的音节写下词汇，既能活跃课堂气氛，调动学生积极性，也能促进记忆，并能校准学生的发音。③ 建立词库，可以每天抽一些简单的变形词汇让学生辨认，通过反复的练习和记忆，相信学生能很快熟记变形规律。

三、泰语尾辅音和特殊读法教学难点及策略

泰语中能充当尾辅音的字母有 8 个，也被称为母尾辅音。这 8 个尾辅音又细分为 5 个清尾辅音和 3 个浊尾辅音，浊尾辅音和清尾辅音有 3 个辅音发音位置相同。学生语音学习中普遍存在的问题有：

（1）发音位置、发音方法不注意。例如，浊尾辅音 ก[k] 和清尾辅音 ง[ŋ]，都属于舌根位置发音，但是尾辅音 ก[k] 是发音时用舌根抵住软腭，形成阻碍，阻止继续发音，发出近似于 [□k] 的音，而尾辅音 ง[ŋ] 是发音时舌根后缩，软腭下降，打开气流通往鼻腔的通道，发出类似于 ang[□ŋ] 的音（此处以与短元音 -ะ[a] 相拼为例），其他尾辅音同理。

（2）子尾辅音复杂多变，难以记忆。除了 8 个母尾辅音，部分尾辅音还有子尾辅音，例如浊尾辅音 ด[-t] 有 14 个子尾辅音，即 จ、ฎ、ฏ、ฐ、ฑ、ฒ、ธ、ถ、ท、ษ、ส、ซ、ศ，还有 10 个特殊子尾辅音，即 ค、ฅ、ธ、ฒ、ต、ตร、ทร、ชร、รถ、รท，对于泰语初学者而言，是记忆的难点。

在实际教学中，针对学生发音位置、发音方法不注意的问题，一般采用模仿教学来纠治。教员示范后，让学生模仿教员发音，教员及时纠正，课后让学生对镜练习，及时调整自己的口型和舌位。对于复杂的子尾辅音的记忆，可先介绍子尾辅音的由来，再辅以大量的单词练习，加深学生记忆。

泰语中的特殊读法较多，若用 C 代表辅音，V 代表元音，泰语音节可大致分为 CV、CCV、CVC、CCVC 四个结构，如果一个词有两个以上的音节，就可能出现 CVCCVC 的结构，学生容易产生混淆[①]。例如：ปรามาส 这个词，第一种结构为 CCV + CVC，读作 ปรา-มาด，意为"大意、粗心"，第二种为 CV + CV+ CVC 结构，读作 ปะ-ระ-มาด，意为"抚摸"；还如 ปักเป้า 这个词，学生第一反应为 CVC + CV，读作 ปัก-เป้า，其实际发音却为 CVC + CV + CV 结构，读作 ปัก-กะ-เป้า。学生因处于泰语初学阶段，语感不强，

---

① 何冬梅. 泰语构词研究. 昆明：云南人民出版社，2015：38-39.

词汇积累不够，对于多结构的词往往难以分辨其正确发音，可以通过词义讲解引导学生记忆。

特殊读法的难点还在于，外来词汇对泰语本身的影响。泰语中的泰语借词语种很多，有巴利文、梵文、英文和中文等，使得泰语在写法和发音上都带来了一些改变。例如，泰语中的英语借词，会借用各种不发音符号，用以表示该词是从英语单词按读音直接翻译过来的，不发音符号会取消单个辅音、复辅音甚至音节的读音①，如"百分比（percent）"这个单词，写作 เปอร์เซนต์，读作 เปอ-เซ็น，中间加了短音符号的 ร์ 不发音；例如泰语中的巴利文、梵文借词，有添加元音、取消读音等情况发生，如："服务员 บริการ"，读作 บอ-ริ-การ，增加了读音"-ฮ"；"荣誉 เกียรติ"，读作 เกียด，取消了读音"ร"。除此之外，泰语中的梵语借词还有一些特殊的拼写规则②，比如：① 辅音既作尾音，本身又与"-ะ"相拼，如"国民 ราษฎร"，读作 ราด-สะ-ดอน。② 辅音既作尾音，本身又与"-ะ"相拼，又做前引字，如"迷惑 พิศวง"，读作 พิ-สะ-หวง。③ ฤ ฦ 在不同情况下的发音规则：一是 ฤ 处在一个词的首音位置并自成发音时，发 ริ 的音，比如"季节 ฤดู"，读作 ริ-ดู；二是与辅音 ค、ม、พ、น、ห 连用时，发 ริ 的音，比如"五月 พฤษภาคม"，读作 พรึด-สะ-ภา-คม；三是与辅音 ก、ต、ป、บ、ท 等连用时，发 ริ 的音，比如"理论 ทฤษฎี"，读作 ทริด-สะ-ดี。

这些复杂的拼读规则，都给泰语初学者带来了很大困扰，学生需要在认知理解、辨识背记上下苦功夫。在教学上，可以采用反复记忆、碎片学习等方式辅助学生学习。除了正课时间的讲授，教员可以录制些微课，将每个知识点录制成一个个小短片，交由学生们让其利用课余时间自主学习，也可缓解枯燥的课本阅读给学生的学习抵触感。

四、结语

通过对泰语辅音、元音、尾辅音和特殊拼读三个方面学习难点的分析，找出学生容易出错或出现记忆困难的方面，提出有针对性的教学策略。在实际教学中发现，一成不变的讲授法已不适用现在的教学发展，要通过灵

---

① 何珊.探析泰语语音的学习难点及教学对策.柳州职业技术学院学报，2018(6):58-62.

② 房英，杨万洁.新编泰语语音教程.昆明：云南人民出版社，2010:109-113.

活的教学手段和现代的教学工具，如结合网上其他知名院校的慕课教学、有意思的微课小视频等，激发学生的学习兴趣，引导学员由被动学习转向主动学习，并针对不同学生，调整教学手段和教学方式，才能真正落实以学生学习发展为中心的教学理念。同时引用汉语、英语的发音与泰语发音进行对比，强调各语种发音的差异性，让学生加深记忆，并辅以泰国的历史、人文风情、文化内涵讲解，让学生逐步了解泰国这个国家，以提高学生的学习热情[1]。

参考文献

[1] 何芯.泰语字母与汉语拼音字母发音对比研究.智库时代，2020(11):295-296.

[2] 何冬梅.泰语构词研究.昆明：云南人民出版社，2015.

[3] 何珊.探析泰语语音的学习难点及教学对策.柳州职业技术学院学报，2018(6):58-62.

[4] 房英，杨万洁.新编泰语语音教程.昆明：云南人民出版社，2010:109-113.

[5] 姚驰.外语教学策略与方法：从英美人的语言思维出发.长春：吉林大学出版社，2016.

（作者系国防科技大学国际关系学院讲师）

---

① 姚驰.外语教学策略与方法：从英美人的语言思维出发.长春：吉林大学出版社，2016:173-180.

关于国内老挝语专业教材建设的现状分析及思考建议

邵文文

【摘　要】人才的培养关键在于课程，课程的设置关键在于教材。教材建设作为人才培养的重要组成部分越来越受到院校的重视，老挝语专业教材建议亦是如此。作为国内起步较晚且相对小众冷门的专业，虽然相配套的教材建设相对滞后，但老挝语教材的建设一直受到相关院校的重视。随着国内老挝语专业建设不断发展和日臻成熟，老挝语专业教材建设经历了一个从自编讲义、内部印刷到渐成体系、公开出版的过程，尤其是近年来市面上公开出版的老挝语教材数量越来越多，质量越来越高，为国内老挝语专业的发展奠定了坚实的基础。另外，老挝语专业教材建设仍然面临一些值得思考的问题，尤其是在新文科背景下的老挝语教材建设更加需要紧贴新时代，达成新共识，取得新成果。

【关键词】老挝语　教材　建设　思考

一、国内院校老挝语专业教材建设历程回顾

　　国内院校老挝语专业的设置起于20世纪60年代，从设立至今，国内老挝语专业教材经历了从无到有，从简单到丰富，从片面到科学的过程。为方便下文对老挝语专业教材的现状进行讨论分析，先简要回顾下国内老挝语专业教材建设历史。笔者综合其他学者的总结和国内老挝语专业教材建设的实际情况，大致将老挝语专业教材建设分为三个阶段，即"头20年，中20年，近10年"，具体如下：

（一）20 世纪 60 年代至 80 年代（头 20 年）：油印为主，解决有无

随着 20 世纪 60 年代国内院校老挝语专业的开设，课程教材的建设也同时起步，首先要解决有无的问题。其中，北京外国语大学（原北京外国语学院）开设老挝语专业最早，于 1961 年开设老挝语专业，1966 年印有《老挝语精读教材》（一年级上学期）等油印本教材。1965 年，广西民族大学（原广西民族学院）创立老挝语专业，到 20 世纪 70 年代左右编写了一系列教材，都是内部印刷。这些教材的出现及时解决了当时"开设老挝语专业，没有老挝语教材"的情况。

至于公开出版的老挝语教材，直到 80 年代末才有。由外语教学与研究出版社 1988 年至 1989 年陆续出版发行的《老挝语》（肖礼海和张良民分别编著，1—4 册）是国内第一套公开出版的老挝语教材。老挝语教材的公开出版标志着老挝语教材从高校课堂走向公众视野，也标志着老挝语教材建设走上标准化和规范化道路。

（二）20 世纪 90 年代至 2010 年（中 20 年）：积蓄为主，零星出版

到了 90 年代，老挝语教材的有无问题基本解决了，但不少教材缺乏科学性，教材修订周期太长，内容陈旧，体系落后，结构不合理。当时的老挝语教材的问题突出表现在教材内容陈旧上，不论是精读还是泛读，大都是一些民间传说之类的内容，反映当代老挝经济文化、政治的内容很少。老挝语教材的编写也不规范。教材内容多是材料的罗列，没有科学合理的编排[①]。这一时期高校老挝语专业的教材大都是沿用之前第一批定型的教材，以积累素材和经验为主，内容更新不多。这一时期，出版的教材有零星的几个，主要有陆蕴联、张良民编著的《老挝语翻译教程》（2004 年），陶红、韦经桃编的《新编老挝语口语（老中对照）》（2004 年），李锷、陆蕴联编著的《老挝语初级口语教程》（2007 年）等，可以看出主要偏重口语教材方面。

另外，有一点值得注意的是，这一时期，我国陆续有院校新开设老挝语专业，例如云南民族大学（原云南民族学院）2002 年设立老挝语专业，

---

① 谢英.对老挝语教学改革的几点思考.广西民族大学学报（哲学社会科学版），1998(S1):273.

西双版纳职业技术学院2006年设立老挝语专业等。新开设老挝语专业也意味着老挝语专业教师数量的增多，教材编写的专业队伍也在随之不断积累壮大。

（三）2010年后至今（近10年左右）：输出为主，集中爆发

2010年后，由于各个院校老挝语专业的长期教育积累和实际教学需求，国内出版的老挝语教材显著增多，呈现爆发的状态。据笔者统计，2010年后至今①公开出版的老挝语教材，总计20余部（含一部网课教材）。出版的老挝语教材在数量上和质量上都比之前的有了很大的提升。具体教材见表1，可以看出，有不少教材是成系列出版的，如黄勇等主编的《基础老挝语》系列、由陆蕴联主编的《老挝语》系列等等。另外就是教材内容变得丰富了，涵盖老挝语基础、口语、听力、翻译等核心课程，还有一些既可作为主课也可作为辅助教材的老挝语教材，比如《老挝文化旅游概览》《老挝应用文写作》等。

这一时期还出现了值得一提的成果，随着信息技术的发展，老挝语教材也出现了网络教材，如陆蕴联主讲的《老挝语语音零基础快速入门》作为一个网课教材，可以让老挝语专业学生跨越空间时间的限制，随时随地学习和复习老挝语语音，也让老挝语教材走出了高校教堂。

表1 老挝语专业出版教材一览表（2010—2021年）

序	教材名称	作者/主编	出版时间	出版社
基础类				
1	老挝语语音教程	黄慕霞	2010.9	云南大学出版社
2	基础老挝语（1）	黄勇、覃海伦、[老挝]波里·巴帕潘	2013.6	世界图书出版公司
3	基础老挝语（2）		2014.4	世界图书出版公司
4	老挝语1	陆蕴联	2017.9	外语教学与研究出版社
5	老挝语2		2017.9	外语教学与研究出版社
6	老挝语3		2016.2	外语教学与研究出版社
7	老挝语4		2019.12	外语教学与研究出版社
8	老挝语语音教程	卫彦雄、谢英、黎莉、罗芳玲	2019.3	云南人民出版社

① 统计数据截至2021年9月30日。

续表

序	教材名称	作者/主编	出版时间	出版社
听力类				
9	老挝语听力教程1	李能斌	2014.4	重庆出版社
10	老挝语听力教程2		2015.2	重庆出版社
11	老挝语听力教程	卫彦雄	2017.9	世界图书出版公司
口语类				
12	老挝语口语教程	程琳、黄勇、覃海伦	2011.5	世界图书出版公司
13	实用老挝语会话教程	卫彦雄	2015.12	世界图书出版公司
14	新编老挝语口语（修订版）	陶红	2020.11	广西教育出版社
阅读类				
15	老挝语阅读教程（第一册）	李丽	2020.9	云南人民出版社
16	老挝语阅读教程（第二册）	陶文娟	2020.9	云南人民出版社
17	老挝语阅读教程（1）	黎莉、卫彦雄	2018.4	世界图书出版公司
写作类				
18	老挝应用文写作	黄勇、覃海伦、曾文斌	2010.3	军事谊文出版社
翻译类				
19	老挝语–汉语翻译教程	郝勇、陈昕	2015.8	世界图书出版公司
文化类				
20	老挝文化旅游概览	卫彦雄	2017.11	世界图书出版公司
21	老挝文学史及作品选读	李小元、陆蕴联	2017.1	外语教学与研究出版社
网课类				
22	老挝语语音零基础快速入门	陆蕴联	2017.9	外语教学与研究出版社

二、老挝语教材建设的成果和问题

（一）老挝语教材建设的成果

通过回顾老挝语教材建设的历程，我们可以发现老挝语教材体系正不断得到加强完善，尤其是近十年来国内老挝语教材建设取得了很多成果，表现出质与量齐升的趋势，具体如下：

1. 基本满足需求

我们常说，外语学习需要学习很多知识，总结来说就是"听、说、读、写、译"。从表1来看，近十年的教材对上述几个方面均有所涉及，有的教材甚至是填补了空白。例如在"读"的方面，虽然各个高校之前也都有自编的阅读讲义和教材，但公开出版还是近十年的事情，这也意味着老挝语阅读课程实现了从以前阅读素材的简单罗列到阅读材料的教材化和正规化。《老挝应用文写作》虽然是偏向于"应用文"类型的写作教材，但是填补了老挝语写作课程的空白。因此，近十年国内出版的20余本老挝语教材包含了老挝语专业基本课程，基本能够满足高校老挝语专业相关课程的教材使用需求。

2. 教材选择多样

市面出版的教材增多，不仅填补了很多老挝语课程缺少教材的空白，还出现了很多同类教材的更新迭代，积极推动了老挝语教材的发展。

例如，在老挝语翻译课程方面，《老挝语翻译教程》（2004年）一直被作为翻译教材使用了十年多。教材本身主要由翻译素材或原文及其参考译文构成，课文后附有少量常用表达方式的用法解释，不涉及翻译理论内容[①]。到了2015年，《老挝语－汉语翻译教程》出版面世，在该教材中前三章介绍了中国翻译简史、翻译原理和译员素质等理论性内容。这两本编写的思路和方法不太一样。对于全国老挝语专业教学来说，可供选择的教材更加多样，当然这也增加了同类教材之间的竞争和更新换代。

（二）老挝语教材建设中的问题

1. 教材体系建设还需加强

在我国现阶段的高校老挝语教学工作中，可供选用的教材虽然有所增加，基本能满足国内老挝语专业的教材使用需求，但由于教学目标和教学

---

① 韦健锋，董泽林.我国老挝语翻译现状：困境与出路//四川西部文献编译研究中心.哲学与人文科学，2012：127.

环境不同等因素，国内设有老挝语专业的院校大都自建教材，而单看某一个院校的老挝语专业教材，目前均没有涵盖所有老挝语基础课程（听、说、读、写、译）的出版教材体系。因此，在整个教学实施过程中，由于教材的选择单一、更新不及时，不能保证知识的全面性和实效性，不能让学生更加深入完整地了解老挝语教学中的内在知识体系，以及全面地了解老挝的政治、经济、文化等方面的知识，从而影响了高校老挝语实际的教学效果，使得现有高校老挝语教学工作并不能满足我国与老挝经济、贸易交流中对复合型人才的需求[①]。

2. 教材更新速度亟待加快

国内老挝语专业已经发展建设 60 年左右，培养了大批优秀的老挝语人才，然而当我们审视人才培养的基石——教材，可以看到老挝语专业教材更新还不够快。比如直到 2010 年左右，北京外国语大学和云南民族大学本科生使用的教材仍是由肖礼海和张良民分别编著、外语教学与研究出版社 1988 年到 1989 年陆续出版发行的《老挝语》（1—4 册），教材使用时间超过 20 年。直到 2010 年后世界图书出版公司出版的《基础老挝语》和外语教学与研究出版社出版的《老挝语》系列教材的出现，才打破了这一局面。

近年来，老挝发展迅速，和我国政治、经贸关系越来越紧密，老挝内部的变革和发展也越来越快。例如，最基本的老挝行政区划调整、老挝政府机构调整方面的词汇，伴随老挝经济发展的新词汇、社交用语、科技词汇等都应该及时反映在教材当中，所以要加快教材更新的速度，以增强教材的时效性和实用性。

3. 教材编写标准还需统一

目前，市面上各个高校老挝语教材的编写还没有统一，我们不一定需要统一的教材，比如听力教材、阅读材料的难易程度、内容形式不同，这可能是各个院校相应教材适用的年级不同、目标不同、适用对象不同造成的，不需要统一此类编写标准。但在某些基础知识编写方面，笔者认为还是应当统一标准。比如就老挝语发音而言，有的教材总结为八个声调，有的教材总结为六个声调，虽然最后这两套体系培养出来的老挝语人才和老挝人交流时都没有什么障碍，但如果能在国内形成一定的共识，采用较为统一的标准更好，对老挝语教学的标准化也有一定的意义。再比如除了《老

---

① 周梅.论高校老挝语教学现状及优化对策.课程教育研究，2019(6)：96.

挞语实用语法》是专门的语法教材，各个院校的老挝语教材都将老挝语语法知识穿插在阅读、写作、翻译等课程当中，其中使用的语法术语、概念和规则的表述不一，这不便于对老挝语言文化的研究和相互之间的学术交流。

三、对老挝语教材建设现状的思考和建议

（一）老挝语教材建设面临问题的原因

正如前文所说，老挝语教材建设近年来取得很大成果，但仍然面临一些问题，而这些问题是需要我们解决的。目前老挝语教材建设面临问题主要有以下几个原因：

1. 老挝语资料素材相对缺乏

老挝是个贫穷落后的国家。国内教育经费投入极度缺乏，导致文化教育水平发展缓慢，使得其国内的教材教辅资料等非常贫乏。这给我国的老挝语教材编写带来了缺乏参考资料的困难[①]。在没有丰富素材的积累和支撑下，很难凭空编写出一部质量上乘的教材。

2. 老挝语教师编写动力不足

大多数院校的老挝语教师为3名，需要面对繁重的教学任务，很难抽出更多精力在教材编写上。教材编写耗时长，见效慢。编写一部教材没有写几篇论文来得快，编写教材的奖励也不够多。同时，资金也是一个问题，如果没有单位出版资金等经费的支持，很难编写教材并出版。所有这些都导致了教材编写的动力不足。

3. 老挝语教材编纂要求较高

教材编写是一个系统性工程，内容涉及面广。"听、说、读、写、译"课程的教材编写从专业上可能会涉及语音学、语法学、翻译学乃至编辑学、教育心理学等专业知识。从内容上，可能涉及历史、地理、政治、经济、文化、科技等领域的知识。可以说，教材在一定程度上也是一个微型百科全书。因此，从专业和内容上都需要编纂团队支撑教材的编写。另外，有的教材还需要教学和实践经验丰富的教学名师带头，以保证教材的专业性和权威性。从这些方面来看，编纂的要求高。

---

① 谢英.老挝语专业教学改革实践探析.经济与社会发展, 2011(6):147.

(二)关于老挝语教材建设的思考建议

鉴于老挝语教材建设的现状和原因分析,笔者有以下几点思考和建议:

1. 加强教学相长效果

教材编写的最终落脚点是为了教学服务,为了人才培养服务。所以一个教材好坏的重要检验标准就是人才培养的质量高低。老挝语教材的编写和更新工作也应当根据实际的教学目标和教学效果来进行,通过教学中发现的问题和不足来倒逼教材建设工作,不断优化教材建设的成效。

2. 紧跟时代发展建设

在新文科建设背景下,可以扩大教材建设的广度和深度。对于语言专业而言,不仅要培养语言人才,更要培养懂得多领域知识的复合人才。尤其现在,国别和区域研究、东南亚研究等领域方兴未艾,需要更多懂得外语的复合型人才。所以建议教材编写上应该改变只注重词语、语法、翻译的传统教学法,在教材中更多地增加老挝国情、文化知识方面的内容。当然,这对老挝语专业教材的建设也是一种挑战,需要不断地跟踪研究时代发展,尤其是新文科建设要求。

3. 加强交流互鉴

老挝语教材建设应当加强相互交流学习。我们不一定需要全国统一的通行教材,那样不切实际,也可能不符合现实,因为每个学校的培养目标、手段和方法不一。差异化的老挝语教材是科学合理的,但是这并不意味着各个学校可以闭门造车。我们在教材体系上做到相对衔接,形成共识,可以为各个高校之间的考学畅通渠道。

(作者系国防科技大学国际关系学院讲师)

对印地语专业学生展开乌尔都语复语教学的探讨

郭　潇

【摘　要】印地语与乌尔都语是南亚地区的重要语言。印地语是印度的官方语言，乌尔都语是巴基斯坦的官方语言，同时也是印度表列语言之一，是印度使用人数最多的语言之一。从历史、语法结构、词汇各方面看，印地语与乌尔都语都可以视为一种语言的两种变体。美国、德国的高等院校逐渐开展印地语与乌尔都语复语人才培养，美国的部分院校甚至取消了印地语与乌尔都语分开讲授的基础课程，直接将两种语言当作一种语言进行讲授。我国在近10年也逐渐有院校开始进行印地语和乌尔都语的复语教学，主要是对印地语学生展开的乌尔都语教学，取得了一定的经验。随着区域国别学科更广更深层次发展，印地语与乌尔都语复语教学的重要性日益凸显。本文通过回顾印地语与乌尔都语发展的历史过程，总结两种语言之间的异同，回顾国内外的复语教学实践，来进一步探讨复语教学的价值和可能。

【关键词】印地语　乌尔都语　复语教学　印度　巴基斯坦

印地语是《印度共和国宪法》中明确规定的官方语言（official language），是印度使用人数最多、应用最广泛的语言，"是狭义的印度语"[①]。全世界有3.3亿人将印地语作为母语，有约6亿人使用印地语，使用人数仅次于汉语、英语和西班牙语。1949年，《印度共和国宪法》第343条规定，印地语与英语同为印度官方语言，英语可作为官方语言继续使用15年。按照宪法规定，印地语应从1965年起完全取代英语成为印度的唯一官方语言，然而实际上，英语作为印度第二官方语言一直沿用到今天。

---

① 姜景奎. 中国的印地语教育. 外语教育研究前沿，2020（4）：3-10.

我国的印地语教育在新中国成立前就开始了。1942年7月，国立东方语文专科学校（简称"东方语专"）在今云南省昆明市呈贡区设立，我国的印地语教育也于兹滥觞。1949年东方语专并入北京大学，成为北大东语系一部分，为我国培养了第一批印地语人才。20世纪60年代，北京广播学院（今中国传媒大学）、解放军国际关系学院（今国防科技大学国际关系学院）与解放军外国语学院（今战略支援部队信息工程大学外国语学院）三所高校也先后开办印地语专业。进入21世纪，西安外国语大学、北京外国语大学等高校也纷纷开始设立印地语本科专业，至今开设印地语专业的高校达到了18所。

乌尔都语本是一种没有书面语言的口语，其名称"乌尔都"意为"军营"，乌尔都语意思就是"军营中的语言"，是印度德里周边地区民间使用的语言。如今，以乌尔都语为母语的人数约有1亿，全世界使用乌尔都语的人数约2.2亿。与印地语不同（印地语是印度官方语言，然而没有获得印度"国语"地位），1973年，《巴基斯坦宪法》第251条规定乌尔都语是巴基斯坦唯一国语。然而与印地语一样，1973年宪法提出要在15年内使乌尔都语取代英语成为巴基斯坦官方语言，然而实际上至今英语与乌尔都语同享官方语言地位。

在我国，1954年，北京大学东语系开设乌尔都语专业。1960年，北京广播学院（今中国传媒大学）开始招收乌尔都语本科生。随后，解放军外国语学院（今战略支援部队信息工程大学外国语学院）、北京外国语大学也相继开设乌尔都语专业。至今，开设乌尔都语专业的院校达到12所。

虽然在我国的院校中，印地语与乌尔都语是分明的两种语言，然而在很多官方或民间机构的统计中，印地语与乌尔都语被视为一种语言统计在一起，在国外不少大专院校，也将这两种语言作为一种语言进行讲授。如果将这两种语言使用人数合在一起，总计有8.2亿之多，超过西班牙语，为世界第三大语言。

一、印地语与乌尔都语的关系与差别

19世纪，以威廉堡学院为代表的教育研究机构，以波斯字母为基础，为没有文字传统的克里方言（Khari Boli）创造出了一种新的字母书写形式，使用这种字母书写的克里方言被称为印度斯坦语（Hindustani）。由于流行于军中，该语言也被称为乌尔都语（"军营中的语言"）。1858年民族大起义失败后,印度教文化精英采用梵语的天城体字母来书写克里方言,并引入大量梵语词汇对印度斯坦语进行了梵化,剔除部分伊斯兰色彩浓厚的词汇,只有书写形式与部分词汇选择方面的不同,这种语言被命名为印地语。从其历史形成过程可以看出,乌尔都语与印地语可以说就是同一种语言。虽然乌尔都语是巴基斯坦官方语言,语言本身也带有强烈的伊斯兰教色彩,但是乌尔都语与印地语的分化是印巴分治前就完成的,乌尔都语的标准音也在印度首都新德里附近,且印度的乌尔都语使用人数远多于巴基斯坦,因此乌尔都语体现了印度与伊斯兰双重特性[1]。虽然印地语与印度教密切相关,但是现代印地语中依然存在大量与伊斯兰有关的词汇,不少波斯语词和阿拉伯语词比梵文来源的词语更加流行。所以,两种语言实际的差别极其微小,甚至远远小于内部方言之间的差异。

  拼写是印地语与乌尔都语最显著的差别。标准的印地语字母有44个,还有一个借音 ऑ(发音为 o)。乌尔都语字母表有35个字母。尽管在字符和字母上差异很大,但是除 श(s)以外,所有印地语的音都可以与乌尔都语对应起来,发音部位与发音方法完全相同,乌尔都语可以通过字母组合拼出印地语的其他对应字母。श(发音为 s)来自梵语,一般使用这个字母的印地语词,在乌尔都语中不是常用词汇,多为专有名词,其在乌尔都语中一般转写为 ش,比如 رشی کیش Rishikesh;但是 क(k)与 श(s/sh)的拼合形式क्ष(ks/ksh),则写为چھ(ch),如:چھتری Chatri。

  词汇方面,尽管乌尔都语会使用更多的阿拉伯语词和波斯语词(巴基斯坦的乌尔都语还会吸收一些普什图语),印地语会使用更多的梵语词汇,但是这些词汇的吸收主要是在两种语言人为分化前完成的,因而两者词汇库基本一致。虽然如此,两种语言在用词频度上却有明显的差异,比如宗教(乌尔都语常用 mazhab,印地语常用 dharm)、文明(乌尔都语常用 siqafati,印地语常用 sanskriti)。此外,巴基斯坦乌尔都语与印度乌尔都语相比,对梵语词汇的接受度要低。一些词汇有细微差别,比如嫂子(乌尔都语为 bhabi,印地语为 bhabhi),部分词汇拼写虽然一致,然而发音与转写有细微区别,比如思考(乌尔都语为 khayal,印地语为 khyal)。英语词的转写,乌尔都语通常在以 s 开头的单词前加元音 i,而印地语则直接根据发音由天城体拼出,比如车站(乌尔都语为 istation,印地语为

---

[1] 袁雨航.印度现代转型中的乌尔都语身份建构研究:1857—1947.北京:北京外国语大学,2021.

station）、学校（乌尔都语为 ischool，印地语为 school）。印地语与乌尔都语的指示代词的远指与近指的无后形式有别，印地语作 vah、yah，乌尔都语作 vo、ye，第三人称复数，印地语为 ve、ye，乌尔都语则单复同形，为 vo、ye。除无后形式外，带 ne 形式、宾语带 ko 形式、后置词补语加 se 的形式以及定语间接形式均相同。需要说明的是，乌尔都语的 vo、ye 与印地语的 vah、yah 看似不同，实际上拼写一致，乌尔都语字母"小 H（chotihe）"的音变使得乌尔都语发音变化，而印地语的读音则无音变，始终与书写保持一致。此外，在部分印地语方言中，vah、yah 的发音也与乌尔都语一致。乌尔都语会使用波斯语序数词，数字符号写法不同，而形容词、副词、动词、连词、介词则完全相同。

二、印地语与乌尔都语教材的比较

国内印地语与乌尔都语教材不多，笔者从中各选出最具代表性的两套教材进行比较。《标准印地语》（以下简称"标印"）共 6 册，是国内目前最新、最成体系的印地语教材，由清华大学姜景奎教授牵头（教材出版时为北京大学教授），北京大学、北京外国语大学、中国传媒大学等全国各开设印地语专业的院校的教师共同编写完成。《乌尔都语基础教程》（以下简称"孔乌"）由北京大学孔菊兰教授编著，是国内各大专院校乌尔都语专业使用的主流教材。

"标印（一）"第 3 页出现了印地语字母表，"孔乌（一）"第 2 页出现乌尔都语字母表。进入语音和字母的具体讲解部分，两书都按照字母表顺序依次介绍。印地语教材有书写笔画示意，乌尔都语教材则按照传统的书写表，进行单写、词首、词中、词尾的标记和书写示范。印地语进行了元音字母拼合的介绍，乌尔都语进行了语音符号的介绍。因为文字是印地语和乌尔都语的最明显的分别，所以对书写文字的介绍部分，两教材的区别十分显著。

语音和文字之后是课文与语法的部分。"标印（一）"与"孔乌（一）"讲述的语法对比如表 1 所示：

表 1　标印（一）与孔乌（一）讲述的语法对比

标印（一）	孔乌（一）
名词的性	乌尔都语词类
印地语词类	名词的性

续表

标印（一）	孔乌（一）
句子的成分与结构	名词的数
名词的数	指示代词
Hona 的现在时 I	Hona 的一般现在时基本形式 I
否定句	否定词
后置词用法 I	特殊疑问句与一般疑问句
Hona 的现在时 II	人称代词
后置词用法 II	Hona 的一般现在时基本形式 II
特殊疑问句与是否疑问句	形容词
名词的带后形式	物主代词
形容词、序数词、物主代词等与被修饰名词的一致性	后置词
动词的现在时祈使语气	实义动词 hona
选择疑问句和附加疑问句	主谓一致
动词的时和体	名词的间接形式
动词的现在时经常替	动词的构成
后置词的用法 IV：动词不定式的带后形式	祈使语气
代词的带后形式	人称代词的间接形式 II
Hona 的过去时	物主代词的间接形式
动词的过去时经常体	疑问代词的间接形式
动词的将来时	
情态动词的概念及 सकना	
动词的现在时进行体	
动词的过去时进行体	
时刻表示法	
分词的概念及完成分词的用法	
情态动词 जाना, लगना, लेना	

可以看出，印地语与乌尔都语在教材的编写和语法的讲述上，总体上一致。"标印（一）"语法上比"孔乌（一）"多了7项语法内容，这7项内容在"孔乌（二）"中都有讲述。

词汇方面，"标印（一）"共收录992个生词，"孔乌（一）"收录了479个单词。"孔乌（一）"收录的词汇为"标印（一）"的48%。抽取"孔乌（一）"单词表前100词（从第123页的"您"开始，到第125页的"脚"结束），有72个词汇出现在"标印（一）"的单词表中，另28个没有出现在"标印（一）"中。抽取"标印（一）"中前100词（从"身体 ang"开始，到"一同、一道 ek sath"结束），有55个词汇出现在"孔乌（一）"中，45个词汇不同。"孔乌（一）"到"标印（一）"的映射命中率为72%，反之命中率为55%[①]。以韩语为参照，将韩语常用教材《韩国语1》[②]（1172个单词）与2020年出版的新教材《新经典韩国语1》（1009个单词）附录单词表进行比对，《韩国语1》单词表前100词有52个收录在《新经典韩国语：精读教程1》[③]单词表中，而《新经典韩国语1》单词表前100词有56个收录在《韩国语1》中。作为同一语言的不同教材，抽样统计的单词相互间命中率为52%和56%。虽然这样的抽样数据有局限性[④]，然而仍足以说明印地语与乌尔都语即便在教材中，也体现出较强的一致性。

"孔乌（一）"中有而"标印（一）"中没有的28个词汇列举如下：脚 pao、巴基斯坦人/巴基斯坦的 pakistani、脱水的 be-ab、母绵羊 bhed、嫂子 bhabi、提高 baland、高 baland、小米 bajra、先生 babu、不倦的 anthak、有些 baz、生存 baqa、鸭子 batakh、发电厂 bijli ghar、讨论 bahas、厨师 bavarji、妻子儿女 bal-bace、影响 asar、镜子 ainah、阿芙塔布（男名）Aftab、桃子 alu、男演员 adagar、女演员 adagarah、文学家 adib、周围 ird-gard、老师 ustad、舞台 stej、字词（阳复）alfaz。

[①] 因"孔乌（一）"单词表词汇数目比"标印（一）"单词表少一半多，前者体量远小于后者，所以命中更多词汇，反之会小。

[②] 李先汉,安炳浩,朴忠禄,等.韩国语1.北京：民族出版社,2008.

[③] 王丹,高红姬.新经典韩国语：精读教程1.北京：外语教学与研究出版社,2020.

[④] 因二者字母表不是完全对应排列，同一单词首字母可能同，故而不能各选前100词找重合区间进行统计。例：楼房 imarat，印地语为 i 开头，而乌尔都语的读音虽然与印地语相同，然而首字母则是 ɛain，而不是 !alif。另外，由于不同教材收录单词数量不一致，我们无法获得同一语言各个教材之间的精确单词重叠率。

不一致词汇总体上体现出编者编写的选择差异，而不是两种语言本身的差异，例如："标印（一）"收录了"电 bijli"，而没有收录"发电厂 bijli ghar"。多数"孔乌"中的词汇在"标印"中都有收录，只是出场的顺序不太一致。但是也有相当多的词汇反映了印地语与乌尔都语在词频上的差别。比如：单数的"词 lafz"与复数的"词 alfaz"在乌尔都语是常用词，但是在印地语中极为罕见；乌尔都语的"讨论 bahas"在印地语中更常用"讨论 carca"。再比如，"阿芙塔布 Aftab"是穆斯林名称，尽管印地语中也有这一名称，但是在基础阶段的教材中，很少出现穆斯林名称。同样，"标印（一）"中的"阿妮达 Anita"和"阿尼尔 Anir"这样的印度教倾向的名称也没有出现在"孔乌（一）"中。相比之下，"孔乌（一）"中没有收录的"标印（一）"中的词汇，体现出比较强的印地语独特性，一些梵语来源的词（比如"书房 अध्ययनकक्ष adhyayanakaksh"）在之后五册中也未被收录。

三、教学进度与学习难度的比较

"标印（一）"的体量远大于"孔乌（一）"，然而两教材在体量上的差异并不能体现出乌尔都语与印地语教学难度的不同。美国大专院校目前最通用的乌尔都语教材是由约书亚·H.皮恩（Joshua H. Pien）与福齐亚·法鲁基（Fauzia Farooqui）共同编写的《乌尔都语初级教程》。这本教材共665页，收录了1358个生词或短语，体量远大于《标准印地语（一）》。教材中写明了课时安排，共计80.5小时，按照我国50分钟一堂课学制，约折合为97学时，我国大专院校大一第一学期均能满足这一学时要求。然而实际上，这本教材在美国可以一直用到中级乌尔都语阶段，相当于我国的大学二年级[1]。这本教材包含的语法点、单词量与孔菊兰《乌尔都语基础教程》1—3册相当。虽然我国没有使用这本教材的经验，但是可以确认也要用到大学二年级。

笔者对北京大学、西安外国语大学与广东外语外贸大学进行了调

---

[1] 美国没有与中国一样的印地语／乌尔都语专业，学生每学期乌尔都语课时一般在40—50学时之间，有些采取季度制的学校为25—35学时之间，总之一学年为75—105学时之间。教学进度根据授课人的不同会有所调整，有时会用到第三学期（Urdu 03xx），有时会用到第四学期（Urdu 04xx）。另外，教师经常采用本教材的同时会补充其他学习资料。

查①,"标印(一)"在广东外语外贸大学印地语专业本科第一学期并不能完全讲完,而"孔乌(一)"在三所学校都可以讲完,老师一般还要补充材料,扩充词汇。西安外国语大学使用的《现代印地语(1)》体量比"孔乌(一)"还要小,教师可以每学期讲完对应内容,也会补充新的资料和进行词汇的扩展。在美国,不少院校将印地语/乌尔都语的入门课程改为双语课程,可见这两种语言可以保持并行的教学进度。

四、国内外的复语教学实践

在印度,印地语与乌尔都语多为分开讲授的两种语言。但是,一般攻读印地语语言文学专业的研究生会选乌尔都语作为英语之外的外语课程,而攻读乌尔都语专业的研究生也会上印地语的选修课程。在德国,30年前各大院校中很少教授乌尔都语课程,印地语课程相比之下会多一些,最多的南亚语言课程是梵语②。一院校会为南亚相关语言的学生开设其他南亚语言的课程,但是复语教学并未规模化进行。在美国,乌尔都语与印地语曾经一直是分开教授的课程,只是学生会自主选择双语进行学习。然而,从近几年开始,哈佛大学、宾夕法尼亚大学、北卡罗来纳大学教堂山分校等学校已经取消印地语和乌尔都语基础课程分开授课,开始将两种语言作为同一种语言进行教授,只在中级以上才会出现分开教授的印地语和乌尔都语课程。教授印地语/乌尔都语中高级课程的教师同样也不固定只教一种语言,比如上文提到的《乌尔都语初级教程》的编者约书亚·H.皮恩,他在任教的宾夕法尼亚大学既教授乌尔都语,也教授印地语,2022年秋季学期,他开设了"印地-乌尔都语基础",以及"中级印地语"和"高级印地语"三门课程。

在我国,上海外国语大学率先开始实践"印地语+乌尔都语"培养模式,为印地语大三学生开设"乌尔都语基础"专业选修课,开设一学期,2学分,每周2课时。国防科技大学国际关系学院原印地语教师张洪雷、西安外国语大学乌尔都语教研室主任李宝龙、天津外国语大学印地语教师蒲白露等

---

① 北京大学还未开始使用"标印(一)",在读的2019级本科生从2020年秋季学期开始使用"标印(二)",2021年春季学期使用"标印(三)","标印(四)"供大三一学年使用。

② Christina Oesterheld. The Teaching of Urdu at Heidelberg University. Heldelberg: Heldelberg University Conference, 1995.

在印地语/乌尔都语复语教学上进行了积极实践和探索。

当前，我国同时开设印地语和乌尔都语专业的院校不多，师资力量不足，此外，印地语与乌尔都语双语教程仅有2010年军事谊文出版社的《印地语－乌尔都语互学教程》。还有一个现实情况是，一些学生学习一种语言都觉得吃力，可能会对掌握另一种语言（虽然实际上可以看作同一种语言）缺乏动力[①]。

五、结语

语言是进行区域国别研究的基础。印地语与乌尔都语有着深厚的历史渊源，如今也同为南亚地区的重要语言，进行双语复合教学，培养既懂印度又懂巴基斯坦的"印巴通"的新型复合型区域国别人才很有必要。

印地语与乌尔都语虽然名为两种语言，文字上天差地别，但是从历史和实践上看，可以视为一种语言的两种变体。其具体差别除字母、文字外，仅表现在词汇的选用（更多体现在相同词汇的词频差异）和极个别的发音区别上。印地语与乌尔都语的复语教学，在印度、美国、德国等高校中有大量实践经验，学习的"正迁移"作用明显。国内近年来，也在逐步推进印地语与乌尔都语的复语教学。

虽然目前印乌复语教学面临师资短缺、资源有待整合、教材短缺、教师教学经验不足等一系列问题，但是随着印乌复语教学价值的凸显、国内外各科研教学机构和师生的实践，"印地语－乌尔都语"双语教学不仅能够为我国的语言教学提供新的范式，而且将推进区域国别研究进行跨国家、跨地域整合，助力区域国别研究向更广更深的层面发展。

参考文献

[1] 姜景奎, 郭童. 标准印地语: 1. 北京: 中国大百科全书出版社, 2020.

[2] 姜景奎. 标准印地语: 2. 北京: 中国大百科全书出版社, 2020.

[3] 姜景奎, 姜永红. 标准印地语: 3. 北京: 中国大百科全书出版社, 2020.

---

① 蒲白璐. 论"印地语+乌尔都语"非通用语人才培养. 管理观察, 2019(14): 121-122.

［4］姜景奎，廖波．标准印地语：4．北京：中国大百科全书出版社，2020．

［5］姜景奎，冉斌．标准印地语：5．北京：中国大百科全书出版社，2020．

［6］姜景奎，邓兵．标准印地语：6．北京：中国大百科全书出版社，2020．

［7］孔菊兰．乌尔都语基础教程：1．北京：北京大学出版社，2006．

［8］孔菊兰．乌尔都语基础教程：2．北京：北京大学出版社，2006．

［9］孔菊兰．乌尔都语基础教程：3．北京：北京大学出版社，2007．

［10］孔菊兰．乌尔都语基础教程：4．北京：北京大学出版社，2008．

［11］孔菊兰．乌尔都语基础教程：5．北京：北京大学出版社，2009．

［12］李先汉，安炳浩，朴忠禄，等．韩国语1．北京：民族出版社，2008．

［13］高红姬．新经典韩国语：精读教程1．北京：外语教学与研究出版社，2020．

［14］姜景奎．中国的印地语教育．外语教育研究前沿，2020(4):3-10．

［15］蒲白璐．论"印地语＋乌尔都语"非通用语人才培养．管理观察，2019(14):121-122．

［16］袁雨航．印度现代转型中的乌尔都语身份建构研究：1857—1947．北京：北京外国语大学，2021．

［17］Joshua H. Pien, Fauzia Farooqui. Beginning Urdu: A Complete Course. Washington DC: Georgetown University Press, 2011.

［18］Christina Oesterheld. The Teaching of Urdu at Heidelberg University. Heldelberg: Heldelberg University Conference, 1995.

（作者系国防科技大学国际关系学院助教）

历史与国情研究

暹罗朱拉隆功改革与中国戊戌变法之比较

龚益波

【摘　要】暹罗的朱拉隆功改革与中国的戊戌变法相比，相似之处很多。两者时间相同、背景相似，都发生在19世纪末西方国家将其沦为半殖民地的过程中，而且它们所要实现的目标以及采用的方式也极为类似，都是学习西方，主要通过政府发布命令推行改革，改革的内容也都涉及政治、经济和文化等方面。然而两者成败迥异，结局不同。本文试图从暹罗的朱拉隆功改革和中国的戊戌变法的时代背景、方式和内容、目的和性质、结果和影响以及导致两场改革不同结果的原因等方面进行论述和剖析，期冀得到一点启示。

【关键词】朱拉隆功改革　戊戌变法　结果　启示

19世纪下半叶，面临着内忧外患局势的中国清朝政府在康有为、梁启超的领导下发动了著名的维新变法，103天后以失败告终。约在同一时期，清王朝的近邻暹罗也实行了性质相类似的朱拉隆功改革，改革的成功使暹罗走上了独立自主的近代化发展道路。100多年后的今天，来探讨这两场在很多方面相似而结果却迥然不同的改革，对于当今正进行改革开放的中国来说，应该不是没有意义的。

一、两场改革面临的时代背景

可以肯定地说，发生于19世纪下半叶的这两场改革，都是在面临着西方殖民主义的压榨下发生的，而作为典型的东方封建君主专制国家——

暹罗和清朝，这时候均走到了封建主义的晚期。两国的政治、经济和社会情况都有极为惊人的相似之处，因此，从整个人类历史发展的角度来看，这两场改革看似偶然，实则不可避免。

（一）改革前两国均面临西方资本主义侵略和瓜分的危险

欧洲资本主义国家经过第一次工业革命，于19世纪60至70年代逐渐过渡到了帝国主义阶段。为了倾销商品，它们在世界各地，主要是亚非拉落后国家掀起了殖民狂潮。1840年第一次鸦片战争后，中国门户洞开，西方列强蜂拥而入，在其后短短的50多年时间内，向中国发动了一系列战争。其中最重要的是第二次鸦片战争（1856—1860）、中法战争（1883—1885）和中日甲午战争（1894—1895），迫使腐朽的清政府签订了一系列丧权辱国的不平等条约，使中国一步一步变成了一个半殖民地半封建的社会。他们每发动一次侵略战争，中华民族的危机和灾难便增加一分，特别是中日甲午战争以后，资本主义列强变本加厉地加强了对中国的压迫和经济掠夺，并掀起了强占租借地和瓜分中国的狂潮。中华民族危机空前严重。

在暹罗，当英国征服印度和缅甸后，便逼迫暹罗保证不干涉英国对缅甸和马来半岛的殖民活动。法国殖民者为了控制印支三国，也逼迫暹罗放弃对柬埔寨的传统宗主权。这样，暹罗便处在英法的东西两面夹攻中。1855年，拉玛四世与英国签订《鲍林条约》，暹罗的主权受到严重损害，并成为英国商品的倾销市场和原材料供应地。此后十多年间，西方列强先后同暹罗签订了类似条约，使暹罗实际上已丧失了主权的完整。英法两国对暹罗的争夺引起了双方的矛盾，不得不达成妥协。1896年双方在伦敦签订了《关于暹罗和湄公河上游的宣言》，划分了两国在暹罗的势力范围，即湄公河以西属英国，以东为法国势力范围，使暹罗成为英属缅甸和法属印支的缓冲地带和中立区。

（二）两国均面临着改革前国内社会、经济、阶级等方面的深刻变化和挑战

尽管明朝后期东南沿海已出现资本主义萌芽，但自给自足的农村自然经济仍占统治地位，这种状况一直延续到清朝前期和中期。第一次鸦片战争后，帝国主义的商品和资本输出，刺激和加速了自然经济的解体。第二次鸦片战争后的洋务运动中出现了近代企业，随之产生了中国第一批产业

工人和民族资本家,但在半殖民地半封建社会里,中国民族资本主义面临着外国资本的威胁、竞争和本国封建统治者的束缚和压迫,发展步履维艰。中日甲午战争的失败和中日《马关条约》的签订,刺激了中国强烈要求发展近代工业的愿望。中国出现了兴办工业的浪潮,民族资本主义得以初步发展。虽然帝国主义的掠夺和封建制度的压迫仍然严重地阻碍着民族资本主义的发展,但资产阶级力量还是在逐渐壮大,民族资产阶级要求解决民族危机,创造出新的政治和经济环境,以适应并推动民族资本主义的发展。

面临着帝国主义的入侵和清朝封建统治的压迫,19世纪中叶以后的中国不断爆发反对清朝统治的起义,如:云南各族人民大起义、西北回民起义等,而太平天国起义更是给了封建统治者致命一击。这些起义虽然失败了,但它大大动摇了清朝统治的根基,清政府的统治已是摇摇欲坠。

和清朝的情况类似,暹罗在《鲍林条约》签订之前,也是一个自然经济占统治地位的落后农业国家。维护着暹罗封建生产关系的是自阿瑜陀耶王朝9世王戴莱洛迦纳进一步确立和制度化的"萨迪纳制","萨迪纳制"把农民禁锢在土地上,年复一年地从事简单再生产,农民没有流动自由,自给自足的自然经济仍占统治地位。这些都妨碍了国内统一市场和劳动力市场的形成。而《鲍林条约》签订以后,欧洲列强对泰国物资的大量需求,在一定程度上刺激了暹罗经济的发展,但这种需求却跟因"萨迪纳制"而被禁锢于小块土地上的村社土地所有制形式产生了极大矛盾。同时,《鲍林条约》的签订,开创了西方企业家到暹罗自由经商的先例。西方国家的资本输出无疑促进了暹罗商品生产的发展和货币流通渠道的开通,大大刺激了过去盛行的实物地租和以货易货的封建生产经营方式。总之,随着自由贸易和商品生产的发展,暹罗沿袭已久的古老的自然经济结构、封建的人身依附关系和封建农奴,已远不适应暹罗社会政治经济结构中已发生的种种变化,变革已是时代要求的必然。另外,由于受帝国主义和封建主义的双重压迫,农民和奴隶处境更加恶化,大批农民和奴隶纷纷奋起反抗。1889年9月和1902年2月,分别在清迈和乌汶爆发了有几千人参加的起义。工人罢工也时有发生,1889年,曼谷三家最大的碾米厂举行罢工,普吉岛也爆了有两万人参加的罢工斗争。总之,自19世纪中叶以来,暹罗国内阶级矛盾开始尖锐化。

缓和阶级矛盾，维护国家统一，同样是暹罗统治阶级需要通过改革运动来维护和加强其统治的重要因素之一。

（三）改革之前西方资产阶级思想在两国的传播

鸦片战争前后，地主阶级中一部分比较开明的官吏和知识分子，继承并发展了明清之际讲求经世致用的传统，注意研究实际问题，要求了解外国情况和改革国内政治。林则徐、龚自珍、魏源是这方面的代表人物。另外，吴其浚、邹伯奇和郑复光等在介绍资本主义国家先进科技方面也作出了很大贡献。鸦片战争后，英美等国开始在中国设医院，办报馆，虽然带有文化侵略的性质，但也在很大程度上影响着国人的思想。

洋务运动有三个主要内容：兴办近代工业、创办新式海军和引进西方的自然科学知识。洋务派兴办近代工业，生产技术上主要依靠聘请的洋人。为了取人之长技以成中国之技，培养自己的技术人员，他们兴办了一些新式学堂。1862年，奕訢等人在北京正式设立同文馆，招收八旗子弟，学习英、法、俄等外国语，后又增设天文、算学等近代科学知识。同时，选派学生出国留学，1872—1875年间，共选送了120人，詹天佑和严复便在其中。此外，洋务派还提倡翻译外文书刊，如江南制造总局于1886年设立翻译馆翻译西方科技著作，到19世纪末，已先后翻译书籍160多种。如上措施，造就培养了一批具有新思想的知识分子。

中日甲午战争以前出现的要求改变现状的早期维新思想，随着民族危机的日益加深，在战后迅速发展起来，并形成一股新的思想潮流。中日甲午战争的惨败，使他们认识到了单向西方学习科技是不够的，只有维新变法，走西方资本主义的道路，才能够挽救民族危机。这种思潮以1895年5月2日的"公车上书"为一个新开端。接下来的几年里，康有为、梁启超、谭嗣同、严复等对封建专制进行了猛烈抨击，要求引进西方政治制度。特别是曾留学英国的严复通过翻译较为系统地介绍了西方资产阶级政治思想，对当时人们的思想震动很大。同时，维新派还在全国组织学会，创办报纸，广泛宣传变革时政的思想。

在暹罗，19世纪初叶以来，西方人就广泛活动于暹罗国内，英法美等国在暹罗经商、布道，无疑也带来了文化思想方面的影响。尤其是拉玛四世（蒙固王）登基后，便邀请了一位英国女教师奥诺温斯来暹罗向他以及贵族子女教授英语和其他近代科学知识。蒙固王本身是一个佛教徒，但他与天主教及伊斯兰教的教徒都过从甚密，容许在曼谷建立天主教堂和基督教礼拜堂，允许伊斯兰教建立清真寺，这一切无疑都说明了蒙固王是一位对外来文化思想采取全方位开放的具有开明思想的君主。朱拉隆功（拉玛五世）自幼受父亲的耳濡目染式熏陶，自1862年开始，他向英国女教师安娜·列奥诺温斯学了5年英语。此外，他还系统学习了作为一个国王须具备的各种现代化知识以及政治知识。加之他又曾多次到欧洲及西方所属殖民地新加坡、马来西亚等地考察，开阔了其视野，更加强了他维护民族独立和改造国家的决心。而经拉玛四世和五世两代人以西方文化科学知识着意栽培的一批忠于王室、有开明思想和改革精神的封建贵族及其子弟，则又是构成积极支持和推行改革的中坚力量。所有这一切都是促成朱拉隆功取得成功的至关重要的因素。

二、两场改革的方式和内容

在面临着内忧外患和不可阻挡的世界潮流时，清政府和暹罗都强烈意识到，若不改变现存的不适应生产力发展的陈规陋习和观念体制，亡国将不可避免。为了救亡图存，两国政府都于19世纪下半叶进行了改革。

政治方面：清政府措施为改革行政机构，裁汰冗员，提倡官兵上书言事；暹罗为改革中央和地方行政管理制度，设立12个部，取消南北两部，在地方置省县等行政管理机构，改革立法和司法，实行立法与司法分开，取消奴隶制和"萨迪纳制"等。

社会经济方面：清朝为设立农工商总局，保护工商业，奖励发明创造，设矿务铁路总局，举办邮政，改革财政、编制国家预算；暹罗为改革财政、税收及现行货币流通状况，实行国库和王库分开，设财政部集中理财，建立中央金库制度统一税收，取消包税制和地方当局纸币发行权，实行统一货币，建立邮局、铁路、印刷厂、医院等。

军事方面：清朝为裁减旧式军队，训练海陆军，推行保甲制度；暹罗为加强军队领导，设立陆军部，推行义务兵役制，聘请军事顾问及派遣军事留学生，开办军校，购买新式装备等。

文教方面：清朝为改革科举制度，废除八股文，设立新式学堂，设立译书局，准许自由创立报馆和学会，派人留学等；暹罗为改变传统的寺院教育体制，开办新式学校，教授军事、政治、经济知识及各种专门技术知识。

从上述内容可以看出,清朝、暹罗改革均涉及了政治、经济、军事和文化教育几大领域。政治方面均未对封建君主专制明确提出根本变革要求;经济上均强调财政改革并发展近代工业,如修铁路、设邮局等;军事上着眼于改革旧式军队,设立新军等;文教方面都改变了传统教育体制和学习内容,派遣留学生;等等。但暹罗改革有一个不同于清朝的特点,即暹罗改革的一个重要着眼点是加强中央集权,这从政治、军事和经济方面设立的各种机构可以明显看出来。清朝改革在这一点上并不明显,其原因恐怕在于自唐末以来,中国更加紧了对大一统局面的维持有关,因而直到戊戌变法前,权力依然高度集中于中央。

两国在改革方式上也有不同。暹罗是由朱拉隆功国王发起的自上而下的改革,清朝改革则是由民间知识分子首先倡导的自下而上式改革。

三、两场改革的目的和性质

两场改革都是在面临着内外严峻局势时进行的改革,其目的都是解决国内外矛盾,摆脱西方殖民侵略,保持民族独立和建设强大国家。但在通过改革建立一个什么政体的国家这一点上,两场改革却有着本质的区别。

康有为、谭嗣同等维新派人士认为,中国若要自强,仅仅学习西方的科技是不够的,还必须学习西方的文化制度和政治体制。梁启超在《时务报》上发表的一系列文章猛烈抨击了封建君主专制,要求伸民权,设议院。康有为在写于1892年的《孔子改制考》中把西方资产阶级的进化论和中国儒家的"三世"学说附会在一起,认为社会历史是沿着"据乱世""升平世""太平世"的顺序逐渐演进的,他认为君主专制时代是"据乱世",而要达到所谓的"太平世"即资产阶级民主共和制社会,就必须先对"据乱世"进行改革,建立君主立宪制的"升平世"。谭嗣同在1897年的《仁学》一书中,宣传了资产阶级的民权思想,认为封建的君主专制政治是强盗政治,号召人们起来去冲决一切封建罗网。著名的资产阶级启蒙思想家严复在翻译的《天演论》中附加了许多自己的思想,认为中国只有顺应天演规律实行变法,才能由弱转强。1895年,他在《直报》上发表了《辟韩》等文章,依据西方资产阶级的民权学说,批判封建君权。总之,维新派援引西方资产阶级的政治学说，并从中国历史上的先进思想家那里吸收了有益养料，激烈抨击封建君主专制，提倡兴民权，设议院，实行君主立宪制。虽然由于顽固派的激烈反对，出于策略考虑，康有为在提请光绪帝颁布的变法诏书中没有提到上述主张，但从维新派整个前后活动过程来看，无可否认，这是一场由资产阶级改良主义者发动的一场以建立君主立宪制资本主义国家为目的的改革运动。

而暹罗改革则是一场以通过改革加强和维护封建君主专制制度为目的的、封建统治者内部的改革。朱拉隆功大力提倡并实行了卓有成效的改革，但是他一直不赞成实行资产阶级民主共和制或君主立宪制。朱拉隆功少年时代就曾跟随外国教师学习，但主要是学语言，更多的是接受传统的宫廷教育。在他在位的40多年里，朱拉隆功主张在文化上既保存本国"好的东西"，也赞成学习西方"好的东西"。其所指本国"好的东西"，最基本的就是当地传统政治文化和宗教，核心是君主专制政体和小乘佛教，西方"好的东西"即西方的科学技术和某些适应社会经济变化和发展的法规制度。他的这种思想可被称为"泰体西用"，类似于中国洋务运动的"中体西用论"。朱拉隆功一生坚持维护专制政体，认为君主制作为暹罗的国家体制，是不可动摇的，并且是合乎民意的。早在1885年1月，就有20多位受过西方教育的官员向他呈上万言书，批评专制政体已与时代发展不合拍，要求在国内进行政体改革，建立君主立宪制。但朱拉隆功表示，同意暹罗需要进行政治体制改革，但在答复中避开了"建立君主立宪制"问题，他以国内人才缺乏、民智未开、国情不同等理由拒绝了进行根本制度改革的要求，并认为君主专制制度更能得到人民拥护。可见，朱拉隆功改革在性质上是不同于戊戌变法运动的。

四、两场改革的结果和影响

两场改革一个取得了巨大成功，一个则彻底失败了，但无论是朱拉隆功改革还是戊戌变法，都在两国各自的历史上产生了重大的影响，具有非常重要的意义。

戊戌变法虽然失败了，但它对中国历史的贡献却是难以否认的。

首先，维新派第一次比较系统地在中国历史上提出了向西方资本主义学习、推翻封建专制、建立君主立宪制的主张，并全力以赴地欲将这一主张付诸实践。

进入19世纪以后，随着民族危机的加深，一大批知识分子为保持民族独立，促进国家富强，不断地提出各种新思想。从19世纪30—40年代的魏源、龚自珍到60年代的冯桂芬，70—80年代的王韬、陈炽等人，一条救亡图存和学习西方的主线贯穿其中，但他们仅停留于理论阶段，并且其思想较为零散和欠深刻。到了维新派这里，以谭嗣同的《仁学》为哲学基础，以康有为等维新领袖提出的社会变革思想为政治纲领，集中了19世纪思想之大成并付诸实际行动，在死水一潭的中国思想界起到了振聋发聩的作用，使中国的走向从此有了更高一层的追求目标。

其次，戊戌变法为中国培养了大批资产阶级知识分子，并为辛亥革命在思想和人员上奠定了初步基础。

维新变法前夕席卷大半个中国的变法宣传，影响并促进了一大批知识分子转到向西方资产阶级学习的道路上来，这些人在辛亥革命中起了重要的作用。辛亥革命在维新派的理论基础上，吸取了其中的合理因素，以及维新派幻想依靠统治阶级实行和平改革而导致失败的教训，用武装起义推翻了延续两千多年的封建专制制度，建立了资产阶级的国家政权，使中国发生了历史性的转折。

暹罗的朱拉隆功改革具有明显的进步意义。朱拉隆功在面临封建制度衰落、王室权力衰微、外来侵略严重的情况下，为加强王权和中央集权并逐步向资本主义过渡，用了几十年的时间，借鉴近代资本主义国家的经验，把暹罗从一个落后的半殖民地的封建国家，改造成为适应世界潮流的近代独立国家，取得了相当的成就。

朱拉隆功在地方上实行三级管理，使王权和中央集权得到加强，全国行政制度和政令统一，地方封建势力被进一步削弱。废除沿袭已久的"萨迪纳制"和奴隶制度，解放了生产力，在一定程度上减轻了人民的负担，也扫除了发展资本主义的严重障碍，有利于全国商品经济的流通，推动了社会生产力的发展。按西方建制改革军队，制定军事条例，为泰国的现代化军事奠定了深厚的基础。社会政治、经济、军事、文化教育等各方面的改革，使得处于殖民主义掠夺夹缝中的暹罗，在其他东南亚国家先后沦为殖民地和附属国的情况下，得以始终保持其国家的独立地位。

朱拉隆功所推行的改革运动，代表了新生的以租佃关系为特征的地主阶级和商人、高利贷者、买办的利益，是属于近代民族运动范畴的封建主义的改革。改革顺应历史发展潮流,受到暹罗各界人士广泛的支持和拥护。为了缅怀和纪念拉玛五世对暹罗社会作出的贡献,根据王储瓦栖拉兀的建议,暹罗各界在他生前便捐款为他建立纪念像,这就是今天矗立在曼谷新王宫外阿南达皇殿前广场上的"拉玛五世骑马铜像"。在他逝世之后,泰王国尊他为泰国的"大帝"之一。

五、导致两场改革不同结果的原因分析

发生于19世纪下半叶的这两场改革运动,很多方面有极其相似之处,但结果却截然不同,这其中有许多耐人寻味的经验与教训。

戊戌变法失败的首要原因在于没有政治军事权力的保证,以及缺乏施行资产阶级君主立宪制的物质基础。

前文提到过,中国民族资产阶级即使发展到19世纪末期,其力量也还是相当脆弱,根本无法与代表旧生产关系的封建顽固势力相抗衡。废八股、裁冗员、排旧党、任新人等措施,极大地触动了旧势力的利益。在强大的反改革势力面前,维新派谋求与光绪帝及一部分开明亲帝官僚如湖南巡抚陈宝箴等联合,但光绪帝并无实权在手,维新派又无军事力量在手,最后把胜利的希望孤注一掷押在口是心非的袁世凯身上,并且幻想借助英日力量来达到改革目的,当事到临头,两者都依靠不上时,维新派只有坐以待毙。并且,当时中国民族资产阶级力量虽有所发展,但远未达到实行君主立宪资本主义所需要的物质发展水平,维新宣传也仅限于在知识阶层传播,大多数老百姓根本无此意识。因此,在没有实力保证的情况下,强大的顽固势力一作反扑,失败便不可避免。

其次,戊戌变法的失败也与维新派自身的缺点密切相关。

维新派内部组织松散,没有形成一个独立、严密的政治团体,而是把自己分散依附在光绪帝身上,因而许多主张以及具体行动步骤都因未经过一个严密组织的仔细斟酌确定而显得凌乱不堪和缺乏周全,例如,他们在短短103天内就发布谕旨204件,除旧布新诏令114件,内容无所不包,不分轻重缓急和主次先后,造成了局势的巨大混乱,其结果只能是遭到更多人的抵制而流产。此外,他们有一股天生的书生气,缺乏政治斗争的策略和胆识,没有好好利用一下慈禧。其实,从现有资料来看,慈禧和荣禄等并非一概地反对变法,如果当时维新派通过实权在握的慈禧,利用她在

守旧大臣中的影响推行新政，对各级官吏区别对待实行改革，从发展农工商经济、改革教育和军事开始，逐渐深入政治制度的改革，变法或许会是另一番结果。凭维新派人士的智力，他们并非不知道光绪帝形同傀儡，但传统的忠君思想牢牢支配着他们，使他们凭着一股血气，视慈禧而不见，最终导致改革的失败。

相对于清朝的改革，暹罗在国王的领导下，妥善处理好各种关系，有条不紊地实施改革，最终使改革取得了成功。其成功原因在于：

首先，暹罗改革有强大的政治实力作保障。暹罗的改革自始至终是在国王的领导下进行的，相对于清朝有名无实的光绪帝，朱拉隆功能够利用自己作为封建君主专制国家最高统治者大权在握的优势推行他的改革措施。当然，仅有这一点是不够的，因为当时暹罗的保守势力仍然十分强大。1873年，暹罗存在三个政治团体，一个是以朱拉隆功王为首的青年暹罗派（young Siam），由侬雅贴亲王和一些贵族青年官员组成，另两派是保守暹罗派（conservative Siam）和老年暹罗派（old Siam），前一派的领袖为摄政王素里的翁和付王域洼限。这两派都强烈反对改革，力量十分强大。朱拉隆功深知改革的阻力，因而十分注意培养和扶植一批忠实于自己的改革力量，发展了一批由亲王和贵族组成的实权人物。1868年底，刚继位的五世王便出资在大王宫创办了"王子学校"，聘请宫廷英文教师弗朗西斯教授王族和王公大臣子弟。同年组建了一支童子军，这支童子军由王公贵族的子弟组成，朱拉隆功本人亲自参加训练。1873年又从宫外招募一批受过西方教育的王公贵族子弟加入，这支童子军成了王宫的侍卫团，与国王关系十分亲密，后来成了改革的忠实推行者。另外，朱拉隆功为了削弱保守派实力，巧妙施行了"权力竞争平衡"手段，于1874年组成了一个由12人组成的"国务会议"和一个由13位亲王、23位大臣组成的"枢密院"。这两个机构都向国王负责，并且职责大体相同，为了突出自己的职能，两个机构都想全力效忠国王。此外，外交部部长德瓦翁亲王和内政部长丹隆亲王都站在改革派一边。这样，朱拉隆功改革的推行便获得了巨大的权力保障。

其次，朱拉隆功运用灵活的外交手段，为国内改革创造了稳定的内部环境。1867年7月15日，暹罗与法国签订了《法国和暹罗王国关于规定柬埔寨政治地位及其边界的条约》。《条约》中，暹罗放弃对柬埔寨的一切权力，承认柬埔寨为法国保护下的独立王国。这份条约的签订以不惜牺牲暹罗对邻邦的宗主权而换取了边界安宁。1893年10月3日，在朱拉隆功的认可下，德瓦翁亲王草拟条约表示暹罗同意将湄公河左岸划归法国，这引起了英国的不满，英法两国于是在1896年签约规定湄公河以西属英国，以东属法国，两国维持暹罗中立现状。朱拉隆功不因小失大，紧紧抓住英法两国互不相让的心理运用外交手腕换取了泰国作为英法缓冲国的地位，保证了暹罗政治的独立，为国内改革提供了十分有利的环境。

最后，暹罗改革缓急分明，有条不紊，减少了反对派的阻力，避免了社会大动荡，把改革一步步推向成功。清政府的改革尽管在前期有过长时间的思想启蒙，但资产阶级思想主要在民间知识分子间传播，对掌握实权的统治阶级及广大民众影响都不大，资产阶级的力量还很弱小。总之，改革的物质和思想基础都还不足以承担一场疾风骤雨式的改革，但在短短的103天内，维新派就颁布了上百条改革诏令，超过了社会的瞬间负荷量，招致实权派的剧烈反对而流产。暹罗则是一步一个脚印，踏实地迈向成功之路的。蒙固王时代就在某些方面进行了改革，社会已有一定的承受力。朱拉隆功继位后，继续实行改革，其改革措施是在他统治的40多年时间里逐步施行的，并且主次分明。1868年即位伊始，他就确定了首先改革财政和加强中央集权的目标。因为这两个问题是当时较为突出的问题，也是推行其他改革的基础。1873年和1874年分别颁布了《国家税收局法令》和《对征税承包人的告示》，加强对包税制的管理和监督，使国家年收入猛增，从1868年的350万铢增加到1874年的590万铢。以后，又在1890年颁布《财政部业务法》，1892年颁布《征税承包法》，从20世纪初开始，过去的"包税制"才逐渐得到废除。在加强中央集权方面，1874年组建"国务会议"和"枢密院"，1875年开始，相继调整和新建若干个中央管理部门，1892年才成立由12人组成的内阁，1894年才撤销南北两部。从上述步骤可以看出，朱拉隆功的改革是渐进式的，避免了社会的剧烈动荡，终于走向了成功。

六、结束语

两场改革已过去100多年了，今天看来，这两场改革还是有许多东西值得深思的。例如，戊戌变法中的维新派强烈要求实行君主立宪资本主义，但从他们的行动可以看出，这其实是一种比较天真的想法，因为他们居然要求封建统治者自己把自己推翻，这不说也罢。问题是就当时的中国而言，急需的恐怕不是一种空幻的制度形式，而是怎么样使国家迅速富强起来。选择什么样的制度固然十分重要，而且也是人类苦苦追寻的一个目标，但在当时中华民族面临灭亡的危机面前，最重要的应该是抓住最主要的矛盾即经济不发达这一点，先从教育、经济方面实施改革，等到经济基础坚实，民智已开的时候，再过渡到根本政治制度的改革，一切便会容易得多。况且，社会历史发展规律是不可人为阻挡的，历史发展到哪一个阶段，就会需要什么样的制度与其相适应，人为地超前和退后，都会受到历史的嘲弄。暹罗的改革并没有触动统治基础，但以一个区区小国在列强面前保持了独立地位并使国家大踏步向前发展，就说明理想是重要的，现实更重要，不顾现实而空谈理想，大多免不了失败的命运。

参考文献

[1] 顾奎相，陈涴. 亚洲史上十大改革. 沈阳：辽宁大学出版社，1994.

[2] 白寿彝. 中国通史：第11卷. 上海：上海人民出版社，1999.

[3] 贺圣达. 东南亚文化发展史. 2版. 昆明：云南人民出版社，2011.

[4] 范军，孙洁萍. 千古兴亡九朝事：泰国王室. 北京：社会科学文献出版社，1998.

[5] 刘迪辉，李惠良，高锦蓉，等. 东南亚简史. 南宁：广西人民出版社，1989.

[6] 史革新. 十九世纪六十至九十年代西学在中国的传播. 北京师范大学学报，1985(2):16-22.

[7] 李侃. 戊戌维新与中国近代思想文化史. 历史研究，1983(5):56-72.

[8] การเมืองและการต่างประเทศในประวัติศาสตร์ไทย โดยแถมสุขนุ่มนนท์ ไทยวัฒนาพานิช พ.ศ. 2524

[9] พื้นฐานอารยธรรมไทย โดยมหาจันต์ สำนักพิมพ์โอเดียนสโตร์ พ.ศ. 2532

[10] ประวัติศาสตร์ไทย โดยเจริญไชยชนะ สำนักพิมพ์เกษมบรรณกิจ พ.ศ. 2512

（作者系国防科技大学国际关系学院副教授）

泰国政治背景下的新民主发展探析

王家榜

【摘　要】现代国家走政治民主化道路是近代以来世界各国都在不断探索与追求的政治发展方式，泰国亦如此。对自1932年在政治上走上民主化道路的泰国而言，其民主化道路充满了"动乱流血"事件，发展曲折。对于这些"民主乱象"的研究，多数学者的研究视角或者研究背景都集中于西方民主政治的框架，因而对泰国民主困境一时难以有精准的分析。基于这样的前提，本文在泰国政治发展的背景下对泰国民主发展进行研究探索，试图分析泰国"新民主"发展的内在逻辑与演进，正如"鞋子合不合脚，自己穿了才知道"。

【关键词】政治　民主　泰国

民主的定义与所必备的条件莫衷一是，绝大多数政治学者皆同意"选举"是民主政治的共同特色与必要条件：经由定期选举以让公民参与政治，影响政府形成与监督政府施政，并赋予民选政府合法性的权威。即选举结果左右权力分配，以"选票"代替"子弹与暴力"来区分所谓的"赢家与输家"，由"赢家"组成政府并制定与执行政策。从某种程度上来说，这是国内政治的"零和博弈"，赢者通吃。因此，问题是：是少数人的民主政治恶性斗争还是多数人的民主政治良性竞争？具体到泰国的政治发展，其问题也是同样的：泰国政治发展是不是民主政治发展？也就是说，民主发展在概念上是有限定的。是代表少数精英阶层的民主政治恶性斗争还是代表多数草根阶层的民主政治良性竞争？从泰国政治发展的历史角度分析不难发现，"流血动乱"是泰国民主政治的一个"代名词"，所以在泰国民主政治的发展过程中，其民主发展是代表少数精英阶层的民主政治恶性斗争，即在不顾本国基本国情与实际情况的背景下应用西方民主进行民主政治改革。但随着吸取这些历史的惨痛教训，泰国似乎找到了本国民主政治的发展路径，更加注重本国的实际情况来推进民主政治改革。

一、泰国民主政治发展的泰国政治环境

自1932年至2019年，通过吸取其民主发展道路的历史经验教训，泰国似乎找到了适宜泰国政治民主化的发展道路。从认识论的角度看，文章研究认为泰国已经在其民主政治发展过程中认识到民主发展有其内在的阶段性与规律性，是一个有历史规律的发展过程（唯物史观）。之所以泰国民主政治发展过程中充满"流血动乱"，是因为其跨越了民主发展的历史阶段与夸大了人的主观能动性而造成的泰国民主悲剧。

具体看，泰国政治发展的实际情况包括以下几个方面：

第一，泰国的国际地位：发展中国家。"市场化程度越高、全球化适应能力越强的政治权力集团——例如新兴资本集团——将会在分配调整中获得更多甚至是大部分红利，而其他政治权力集团——例如军人集团和王室、保皇派——则难以分享好处，部分政治权力集团——例如曼谷政商集团和地方豪强集团——甚至会面临潜在利益损失。于是，对发展中国家而言，从中长期来看，……分配调整将……更有可能改变新旧政治权力集团的力量对比，甚至引发权力结构层面的分歧与冲突。"①也就是说，在发展中国家的发展过程中，其内部多头利益集团的利益多元化诉求的矛盾难以调和，在民主政治发展的表现上就是政治不稳定而引发的社会危机，这对民主的发展来说，如果对社会危机处理不当就会为民主倒退或者独裁复辟埋下祸根，这也是民主脆弱性在发展中国家的具体表现。正如亨廷顿对民主定型的两次转移理论认为，社会上主要的两个政党或政治团体至少都曾经沦为少数党一次，并且在选举失败后坦然接受选举结果，服从制度化权威，使政权和平转移。但是实际上需要三次和平转移交接就意味着民主基本定型。正如习近平总书记所说："评价一个国家政治制度是不是民主的、有效的，主要看国家领导层能否依法有序更替，全体人民能否依法管理国家事务和社会事务……"②因此，分析泰国在民主政治的发展过程中

---

① 周方冶.泰国政党政治重返"泰式民主"的路径、动因与前景.东南亚研究，2019(2):7.

② 习近平.坚持和完善人民代表大会制度 不断发展全过程人民民主.(2021-10-14)[2021-11-12]. https://www.chinanews.com.cn/gn/2021/10-14/9586706.shtml.

出现的问题，首先就要从泰国的国际地位的角度进行观察，否则很容易陷入在西方民主发展的框架下分析泰国民主发展所产生的问题这一误区，若如此，便不符合泰国民主发展的历史路径。

第二，泰国国家顶层制度设计：宗教、民族、王室三位一体。在宗教方面，其意识形态领域是多宗教信仰的，主要对是"泰国佛教"的信仰，并不是纯正的"佛教"，而"泰国佛教"本质上是婆罗门教与佛教的混合体，带有一定程度的"封建迷信"色彩。基于这样的宗教信仰意识形态，一般群众对民主价值的认同会存在思想斗争与内心深处的不自觉的抵触。在民族方面，泰国是以泰族为主体民族的多元民族统一的国家，历史上有过"大泰民族"共同体的塑造，在现实中，泰国南部至今还存在民族分裂的风险，如果仅采取以选票为主的民主化，国家将会存在分裂的风险。《泰王国宪法》第一条明确规定：泰王国是统一的不可分割的国家（ประเทศไทยเป็นราชอาณาจักรอันหนึ่งอันเดียว จะแบ่งแยกมิได้）。因此，民主在泰国的政治发展中就注定与西方民主发展存在差异性。在王室方面，王室拥有实际权力，即军队服从于王室，既没有国家化，也不服从于某个党派，且人民对国王的忠诚度远远超出对某一政党的忠诚度。所以，泰国民主政治的政党竞争是缺乏一定群众基础的，其往往就是利益集团之斗争。总而言之，在泰国推进民主发展的过程中，人民缺乏对民主这一意识形态的认同，少数民族对泰民族缺乏民族认同，政党民主竞争缺乏群众基础。从国家顶层制度设计看，泰国民主政治发展注定是曲折的，用简单的西方民主思维是难以推进与发展的，所以造成了历史上的"流血动乱"的"民主乱象"。

第三，泰国的基本国情：封建主义最后阶段与资本主义初级阶段的混合阶段。因为其政体是"以国王为元首的民主制度"，军队没有国家化，属于王室，是国王权力的最直接的体现，形式上的"三权分立"并未在实质上约束国王的权力，也就是说没有实质上的"三权分立"，而是"五权分立"，即军权、皇权、立法权、行政权、司法权。在本质上是军权与皇权约束了立法权、行政权与司法权，只是在形式上看起来像是立法权、行政权与司法权约束了军权与皇权。可以说这是形式民主而已，并未有实质上的民主。

第四，泰国社会主要矛盾：资产阶级内部的精英阶层与草根阶层之间的矛盾，即"他信体系"势力与"反他信体系"势力之间的矛盾。因此，在这样的背景下产生的问题是：如果"他信体系"所代表的是民主，那么"反他信体系"所代表的就不是民主吗？实际上两者的内在逻辑都是遵循民主政治的原则，目的都是推动国家的发展与改善人民的生活水平，但是这两股力量的治国理念却大相径庭，其原因在于这两股力量所遵循的民主理念的基本条件不同。换言之，"他信体系"所遵循的民主原则是在"草根阶层"基础上的民主，而"反他信体系"所遵循的民主原则是在"精英阶层"基础上的民主。正是这种民主理念差异使得泰国政治显得非常不稳定，民主发展也极其不稳定，也就是通常所说的制度未定型，因此，政变也就成了泰国政治的一种特色民主文化。

通过以上的泰国政治发展背景描述与分析，可以进一步明确泰国政治走民主化的道路是在曲折中摸索的。从2019年以来的泰国民主政治发展的现实角度分析，在其民主政治发展过程中，更加注重泰国政治发展的实际情况，走出了对民主的认识盲区，对民主发展有了新认识，即泰国还处于并将长期处于民主发展的初级未定型阶段。因此，基于这样背景与对泰国民主政治发展的历史分析，可以进一步推论出泰国政治民主化发展道路可以分为三个阶段：初级未定型阶段的初级阶段；初级未定型阶段的照搬西方阶段；初级未定型阶段的否定之否定阶段。

二、初级未定型阶段的初级阶段："半民主"或"炳民主"

半民主的开创者是炳·廷素拉暖，他塑造了泰国军人与文人共治抑或"文武"共治的政治民主化模式。这一时期的宪政运行依据是1978年宪法（1978—1991）所规定的政治框架，具有非民主与民主的特征。"非民主"的特征：1.总理不需要具备议会议员身份，只要经过议会多数通过同意或者是军方势力特定支持者，即可出任；2.非民选的议员也可以担任内阁职务，不需要具备议会议员资格；3.内阁成员得保有军职或公职身份；4.议会采用两院内阁制，下议院议员由民选产生，上议院议员由任命方式产生。"民主"的特征：1.议会可以对内阁行使不信任案辩论与投票，总理得解散议会重新大选；2.允许政党登记与活动；3.选区重划使选举更具代表性；4.军人不得兼任下议院议员。

实际上，在这种半民主的体制下，政府的合法性不足，政党政治不能彰显选举结果，政治运行也高度不稳定。政治僵局与政治冲突凸显了政治改革的必要性，因此各界都期盼通过新的宪政规范来解决半民主体制的缺陷，使得泰国政治民主化进一步完善。1988年大选，炳总理将政权交接于民选的差猜·春哈旺政权继承，使得泰国又迈向了新的阶段，泰国政治逐渐摆脱官僚体系。

三、初级未定型阶段的照搬西方阶段："选票民主"或"他信民主"

为了迫切解决"半民主"的问题，再加上泰国经济在20世纪80年代的快速发展，泰国似乎想要实现所谓的"真民主"。因此，在2001年，他信在大选中获胜，其依据的是1997年宪法所规定的，上议院和下议院议员都由选举产生，总理要来自下议院。这是全盘照搬照抄"西方民主"，但这种照搬照抄实际还是在形式上照搬照抄"选票民主"，只讲选票，不顾泰国的具体国情，或者说他信忽视了泰国是一个"深层国家"的基本事实，因而最终失败。"深层国家"这一概念源于土耳其，被认为是该国政治体制内一个具有很大影响力的秘密网络，由军队、情报等国家安全机构和依附于他们的文官构成。它自称信奉凯末尔主义和坚决捍卫国家利益，力图消除对土耳其世俗民族国家的任何威胁。"深层国家"被视为土耳其的"国中之国"，曾反复使用暴力来干预土耳其民主政治进程[①]。也就是说，"深层国家"的关键特征是它在很大程度上不受民选领导人的影响和监督。

由于泰国政治结构深层次矛盾就是王室、军队、民选政府之间的矛盾，因此泰国是在东南亚国家中政变最为频繁的国家且以军事政变为主。究其原因主要有以下几点：第一，泰国的政体是民主政体，但这种民主政体是"以国王为元首的民主制度"的民主政体，换言之，对国王的权力限制仅仅是形式上限制，并非实质上的限制；第二，军队的领导权属于王室，同时王室都是精英阶层；第三，只要民选政府威胁到王室（精英）的利益，国王便会授权军队发动军事政变建立临时政府，进行下一次选举。

---

① Dxter Filkins. The Deep Stata. (2012-03-12) [2021-11-20]. http://www.newyorker.com/magazine/2012/03/12/the-deep-stata.

四、初级未定型阶段的否定之否定阶段:"新民主"或"巴育民主"

在2019年大选之前,2014年军政府执政以来,泰国国家电视台每周都播报上将巴育总理的《还幸福于民》(คืนความสุขให้ประชาชนไทย)演讲报告,与此同时,军政府还创作了《还幸福于泰国》(คืนความสุขให้ประเทศไทย)的歌曲,以此来表达军队只是暂时接管政府,等时机成熟军政府自然会重新进行选举以还幸福于民。

巴育军政府的高超智慧就在于"幸福"二字,不管是从语言哲学还是政治哲学的角度看(语言政治学),"幸福"都体现了人的根本追求。"人性是幸福观的逻辑起点"[①],"任何民族的伦理传统的根源都是一种关于人性的看法"[②]。因为不管是军政府还是文人政治,对"幸福"的追求是人类的共性,也即"人性"。它超越了单纯的"民主"与单纯的"独裁",似乎在暗示:民主也好,独裁也好,如果不能给人民带来"幸福",全都无效!真正有效的是"幸福",正如习近平总书记所说,"人民对美好生活的向往,就是我们的奋斗目标","让人民群众有更多获得感、幸福感、安全感"。这点到了人的内心深处,能引发人的共鸣。巴育提出的"还幸福于民"同样也点到了泰国人民的内心深处,能够引发共鸣。巴育当选,也更能说明,思想和行动在语言中得到了统一。

因此,这一阶段的泰国民主既不是接受"他信民主"的民主也不是接受"炳民主"的民主,而是否定"他信民主"的冒进与否定"炳民主"的保守的民主,其吸取了两者的合理之处,即依据泰国实际政治发展的历史规律坚定走民主化道路又尽力避免军事政变。巴育获胜的经验表明,代表军方与王室利益的政党通过竞选获得军政府合法执政权,如此一来,泰国民主政治发展可能就突破了"选举—军事政变—选举"的所谓"死循环"模式,军人政党参与"选举"成了泰式政党政治民主的最鲜明特色。

五、结束语

至于下一次的大选能不能完成政权的和平交接与转移以及泰国民主怎

---

① 陈万球.马克思和亚里士多德幸福观比较.伦理学研究,2015(5):29.
② 赵敦华.人性和伦理的跨文化研究.哈尔滨:黑龙江人民出版社,2004:1.

么走的问题还有待于在实践中观察。毕竟泰国政治民主化还处于初级未定型阶段，不稳定是其常态。正如针对有人提出的在革命成功后应采取什么措施的问题，马克思尖锐地指出，问题"提得不正确"，"现在提出这个问题是不着边际的，因而这实际上是一个幻想的问题，对这个问题的唯一的答复应当是对问题本身的批判"[1]。言下之意，所有的具体应对之策应该是在解决具体问题的实践中完成的，而不是预先设计的。泰国民主发展有没有沿着历史规律发展与解决具体问题需要在实践中观察与分析，如习近平总书记所强调的，"民主不是装饰品，不是用来做摆设的，而是要用来解决人民需要解决的问题的"[2]。

（作者系昆明冶金高等专科学校助教）

---

[1] 马克思恩格斯文集：第 10 卷．北京：人民出版社，2009：458．
[2] 习近平．坚持和完善人民代表大会制度　不断发展全过程人民民主．(2021-10-14) [2021-11-12]．https://www.chinanews.com.cn/gn/2021/10-14/9586706.shtml．

现代印度教改教运动"回家运动"研究

张少华

【摘　要】"回家运动"是印度教民族主义者在将印度建设成为印度教国家的目的驱动下开展的,旨在改变部分印度基督徒和穆斯林的宗教信仰,使其成为印度教徒的改教运动,是印度教民族主义政治与现代印度教改革融合的产物。在印度教民族主义者看来,这些基督徒和穆斯林祖上均为印度教徒,后因受到外部影响而改信了其他宗教,所以将这些"曾经的印度教徒"改教回印度教是在宗教意义上的"回家";并且,这种带有政治色彩的宗教活动有助于增加印度教徒人口,进而推动将印度建设成为由印度教民族主义者所理解的印度教徒民族主导的印度教国家。

【关键词】"回家运动"　印度教民族主义　改教运动

一、"回家运动"的思想基础

印度教传统并没有类似基督教、伊斯兰教、佛教等宗教那样明确的"改教"概念。被视为婆罗门教法经典的《摩奴法论》指出,"婆罗门的入教礼应该在虚算八岁举行,罗阇的在虚算十一岁,吠舍的则在虚算十二岁"[①]。规定了仅有出身再生族,即婆罗门、刹帝利、吠舍瓦尔纳的孩子可以执行"入门式"(upanayana samskara),佩戴圣纽和束带,学习吠陀及其他宗教

---

① 蒋忠新.摩奴法论.北京:中国社会科学出版社,2007:19.

知识，首陀罗瓦尔纳以及其他生活在四瓦尔纳制度之外的人无权执行"入门式"。在这种情况下，许多被排斥在婆罗门教门外的低种姓选择皈依佛教、伊斯兰教、基督教等接受他们的宗教，另有部分再生族也因为种种原因改信其他宗教。尤其是19世纪后半叶，基督徒人口增长迅速，一些基督教传教士批评印度教是"虚假错误的"，"不是真正的宗教"[①]。在这种情况下，达耶难陀·娑罗室伐底（Dayananda Saraswati）创立的现代印度教改革组织雅利安社为了拯救印度教和印度教社会，试图改革很久以来阻碍印度发展的印度教，并在此基础上推动带有改教性质的"净化运动"。20世纪上半叶形成的，基于"印度教特性"核心理念的印度教民族主义思想则在雅利安社的"净化运动"势头衰落之后驱动了政治性更强的"回家运动"，意图建构印度教民族和国家。

20世纪80年代之后的"回家运动"，除了继承雅利安社"净化运动"的主张和具体实践，另一个重要的思想基础便是印度教民族主义者希望在印度建立印度教国家的理想。雅利安社基于对印度宗教历史的想象建构出的雅利安人和外来入侵者对立的叙述影响了后来的印度教民族主义思想家，为提出印度教特性、将印度建设成为一个印度教徒民族国家的理论打下了基础，而正是这种受到雅利安社思想影响的印度教民族主义在独立后成了推动"回家运动"的思想动力。

印度教民族主义第一位重要的思想家是萨瓦卡尔（Vinayak Damodar Savarkar, 1883—1966）。1923年，萨瓦卡尔在其著作《印度教特性：谁是印度教徒？》（*Hindutva: Who is a Hindu?*）一书中首次提出了基于其建构的右翼史观的印度教特性（Hindutva）和印度教民族国家（Hindu Rashtra）的概念。萨瓦卡尔将印度民族特征归结为印度教特性，印度教特性有三个支柱，即共同的地域、血缘与文化。共同的地域指印度教徒共同拥有的祖地，即雅利安瓦尔塔（Aryavarta）。共同的血缘指，在种族方面，印度教徒都是共同的吠陀祖先的后裔。共同的文化指印度教文化传统。

在这套理论体系中，印度教徒不再单单是一个宗教身份，而是一个与印度国家密切绑定的民族身份。萨瓦卡尔指出，印度教徒不只是印度的公民，他们不仅因为对共同祖国的爱而团结在一起，而且因为共同的血统而团结在一起。他们不仅是一个民族，而且是一个种族，所有的印度教徒的

[①] 邱永辉.印耶皈依之辩：殖民时期印度教与基督教的对话.南亚研究季刊, 2009(4):88-93.

血管中流淌着从吠陀祖先那里继承下来的强大种族的血液①。由于佛教、耆那教和锡克教都起源于印度的宗教，萨瓦卡尔将这些宗教的信徒都纳入了广义的印度教徒范围中，这些信徒自然也都成了印度教徒民族的组成部分。

萨瓦卡尔反对任何基于抽象的社会契约，将居住在国家行政边界内的人定义为一个国家公民的方式。他批评国大党忽视了宗教、种族、文化和历史上的密切关系在民族形成过程中的作用。他尤其反对接纳基督徒和穆斯林，他认为，穆斯林和基督徒的宗教圣地远在阿拉伯和巴勒斯坦，而非印度，加之他们的文化与印度教徒不同，所以他们不是印度教徒民族的一员。他也主张限制基督教传教会传教并反对在政治、宗教和社会领域给予穆斯林任何"优待"②。

印度教民族主义另一位重要思想家戈尔瓦卡尔（Madhava Sadashiv Golwalkar, 1906—1973）继承了萨瓦卡尔的印度教民族理论，并结合西方民族理论提炼出了构成民族的五个属性，即领土、种族、宗教、文化和语言。戈尔瓦卡尔认为，印度斯坦、印度教徒种族、印度教、印度教文化和印度教语言构成了整个印度教徒民族③。戈尔瓦卡尔反对把印度教徒以外的种族纳入印度教徒之内，反对建立多种族国家。就少数民族而言，印度的非印度教徒民族必须接受印度教徒的文化和语言，必须学会尊重和保持对印度教徒宗教的崇敬，对这片土地要有热爱的态度和奉献的精神。

戈尔瓦卡尔反对印度教徒同穆斯林和平共处。他认为，印度国内所谓的穆斯林民族主义者、杰出的穆斯林学者和领袖坚持社群主义的思想，都公开参加了反对国家会议。印度穆斯林分裂印度分为两步：第一步是直接侵略，穆斯林通过印巴分治把巴基斯坦从印度分裂了出去；第二步是在印度的战略地区增加他们的人数。戈尔瓦卡尔认为，穆斯林一直在有组织地涌向阿萨姆邦、特里普拉邦和西孟加拉邦，背后的缘由并非东巴基斯坦的饥荒。由于外部穆斯林的输入，印度东北部的穆斯林人口数量成倍增长，最终被巴基斯坦吞并。基于此，在他看来，印度教徒应当停止这种长期的、

---

① Vinayak Damodar Savarkar. Hindutva: Who is a Hindu?. New Delhi: Bharatiya Sahitya Sadan, 1989:102.

② Vinayak Damodar Savarkar. Hindutva: Who is a Hindu?. New Delhi: Bharatiya Sahitya Sadan, 1989:56-57.

③ M. S. Golwalkar. We or Our Nationhood Defined. Nagpur: Bharat Prakashan, 1947:116.

自杀式的、一厢情愿的想法,把国家安全和完整作为一个最高的考量①。

戈尔瓦卡尔也反对基督教传教士的传教行为。他认为现代传教的宗教不是真正的宗教,他们只是想以上帝、先知和宗教的名义,进一步实现自己的政治野心。他认为基督徒的活动不仅是无宗教的,而且是反国家的。基督教徒策划了那加兰邦的叛乱活动,印度东北部的各种分裂主义倾向也都直接得到了基督教传教士的帮助。只要印度的基督徒继续从事类似的活动,并且以国际运动代理人的身份传播基督教,拒绝向祖国印度奉上他们的忠诚,拒绝像他们祖先的真正后代一样热爱印度,那他们仍旧是敌人,也会被当作敌人②。

雅利安社的宗教改革思想是在面对基督教文化"入侵"印度和传教士改教印度教徒的情况下提出的,其重点是通过改革自身以抵御"威胁",谋求复兴。而印度教民族主义属于宗教民族主义的范畴,带有更加强烈的政治色彩。印度教民族主义将印度教纳入现代民族国家的建构中,而印度教徒不再仅仅指拥有共同信仰的宗教群体,其范围扩大到了有共同血缘、语言和文化的族群。印度教徒这个族群在印度"圣地"被政治化,成了这片土地上的民族,建立印度教国家也成了印度教徒民族的任务。在印度教民族主义的叙事结构下,基督教和伊斯兰教是非印度民族的宗教,其信徒是被改教的印度教徒,这些非印度教徒只有保持与印度教徒民族同样的信仰,才能继续留在印度,这成了日后印度教民族主义者推动"回家运动"的理论基础。在印度教民族主义者处于边缘地位时,建设印度教民族和国家充其量不过是一种极端的政治主张,但是随着20世纪80年代印度教民族主义政治、社会组织日益活跃,这些组织可以将建设印度教徒民族国家的理想付诸实践。在这种情况下,印度教右翼组织的矛头便指向了被他们视为"敌人"的穆斯林和基督徒。顺着这样一种极端的主张,一部分印度教民族主义者便主张通过改教活动来改变穆斯林和基督徒的信仰,使他们"回到"印度教民族的大家庭,成为印度教民族的一部分。

二、"回家运动"的发展历程

独立后,印度中央邦政府为调查基督教传教士活动情况,委派尼约

---

① M. S. Golwalkar. We or Our Nationhood Defined. Nagpur: Bharat Prakashan, 1947:61-62.

② M. S. Golwalkar. We or Our Nationhood Defined. Nagpur: Bharat Prakashan, 1947:74.

吉（B. S. Niyogi）成立委员会开展调查。根据该委员会的报告，在中央邦，1951年有40名部落民被基督教传教士改教，1952年有4 000多人，1953年有877人。同时印度官方在册的传教士从1951年的4 377人增长到了1955年的4 877人，其中480人在中央邦活动，有一半人是美国人。到1954年，外国输入资金达290万卢比，其中三分之二来自美国，这些资金都被用来修建学校、孤儿院和医院。尼约吉调查委员会的报告称，西方国家通过宗教来建立基督教少数群体的圈子，并逐步扩大化，这破坏了印度宗教社会的团结，是别有用心的，对国家安全构成了威胁[①]。这种敌视基督教的主张与国民志愿服务团等印度教民族主义组织的世界观产生了共鸣，后者不仅敌视基督教和伊斯兰教，还将共产主义也称作"第三种宗教"[②]。在印度教民族主义者看来，这三种"宗教"都试图在印度扩张，印度教徒必须团结起来捍卫印度教。

1981年2月19日，泰米尔纳德邦的约1 000个贱民改教伊斯兰，在接下来的7个月里，又有3 000贱民陆续改教伊斯兰。这一大规模的改教事件得到了印度穆斯林领导人的支持，他们通过赞助、亲自监督仪式或建造清真寺等形式参与到改教中去。印度教徒表示出强烈的反对，并指责国外的伊斯兰势力参与到此次的改教事件中。《印度时报》报道称，参见活动的贱民每人获得了500卢比的奖励，而这些钱都来自阿拉伯国家[③]。时任印度人民党主席的瓦杰帕伊亲自前往当地，规劝贱民重新改教印度教。作为对1981年事件的回应，世界印度教大会重启了印度教改教活动。在1981年和1982年，世界印度教大会宣称将8 279个基督徒和13 921个穆斯林改教回了印度教[④]。自此开始，印度教民族主义者开始采用"宗教改变"（dharm parivartan）、"宗教传播"（dharm prachar）、"回归"（pratyavartan）和"回家运动"（ghar wapsi）来指代印度教改教运动，其中"回家运动"相比其他名称更流行。20世纪90年代以来，"回家运动"的活动频率越

---

① Report of the Christian Missionary Activities Enquiry Committee 1957:21-108，转引自 Christophe Jaffrelot. The Hindu Nationalist Movement and Indian Politics: 1925 to the 1990s. London: Hurst & Company Ltd., 1993:157.

② Iris Vandevelde. Reconversion to Hinduism: A Hindu Nationalist Reaction Against Conversion to Christianity and Islam. South Asian: Journal of South Asian Studies, 2011, 34(1):40.

③ The Times of India, Jul. 18, 1981，转引自 Christophe Jaffrelot. Religion, Caste and Politics in India. New Delhi: Primus Books, 2010:162.

④ The Hindu Awakening: 21-22，转引自 Christophe Jaffrelot. Religion, Caste and Politics in India. New Delhi: Primus Books, 2010:162.

来越高，表1为笔者综合学者的研究成果和印度媒体的报道整理的20世纪90年代以来"回家运动"的开展情况。

表1 "回家运动"在印度各地开展情况

时间	人数	对象	地点	组织
2003	100	穆斯林	拉贾斯坦，帕尔塔普尔	国民志愿服务团①
2014.8	72	基督徒，达利特②	北方邦，阿里格尔	国民志愿服务团 达摩觉醒委员会③
2014.10	310	基督徒，达利特	北方邦，乔恩普尔	国民志愿服务团④
2014.10	23	基督徒，达利特	北方邦，阿格拉	国民志愿服务团 达摩觉醒委员会⑤
2014.12	250	基督徒，达利特	北方邦，哈萨延	达摩觉醒委员会⑥
2014.12	200	穆斯林，低种姓⑦	北方邦，阿格拉	国民志愿服务团⑧

① Iris Vandevelde. Reconversion to Hinduism: A Hindu Nationalist Reaction Against Conversion to Christianity and Islam. South Asian: Journal of South Asian Studies, 2011, 34(1):44.

② 达利特，指生活在婆罗门、刹帝利、吠舍、首陀罗等四瓦尔纳之外的"贱民"。

③ Kaunain Sheriff. "Ghar wapsi' shadow: No X" mas in church near Aligarh, security up. (2014-12-26) [2022-03-15]. https://indianexpress.com/article/india/india-others/ghar-wapsi-shadow-no-xmas-in-church-near-aligarh-security-up/.

④ Bhaskar. जौनपुर:30 परिवारों के 310 लोग ईसाई धर्म छोड़ दोबारा बने हिन्दू. (2014-12-26) [2022-03-15]. https://www.bhaskar.com/news/UP-jaunpur-310-people-christians-conversion-hindu-latest-news-4786567-NOR.html.

⑤ Bharata Bharati. RSS re-converts 200 Agra Muslims to Hinduism. (2014-12-11) [2022-03-15]. https://bharatabharati.wordpress.com/2014/12/11/rss-re-converts-200-agra-muslims-to-hinduism-ishita-mishra/.

⑥ Shamsul Islam. India: RSS's Ghar Wapsi Bigot Rajeshwar Singh is Back With A Promotion. (2015-04-03) [2022-03-15]. http://www.sacw.net/article10961.html.

⑦ 对照印度教种姓制，印度穆斯林种姓根据血统、种族、宗派可划分为三类，高种姓阿什拉夫（Ashrāf），低种姓阿吉拉夫（Ajrāf）和不可接触者阿贾尔（Arzal）。参阅：蔡晶. 印度穆斯林种姓摭议. 世界宗教研究，2012(3):148.

⑧ Neha Singh. 225 Tribal Christians "Voluntarily Re-Converted" to Hinduism in Gujarat, Claims VHP. (2014-12-21) [2022-03-15]. https://www.ibtimes.co.in/225-tribal-christians-voluntarily-re-converted-hinduism-gujarat-claims-vhp-617872.

续表

时间	人数	对象	地点	组织
2014.12	45	穆斯林，低种姓	比哈尔，巴加尔布尔	国民志愿服务团①
2014.12	200	基督徒，部落民②	古吉拉特，瓦尔萨德	世界印度教大会③
2014.12	225	基督徒	古吉拉特，瓦尔萨德	世界印度教大会④
2014.12	35	基督徒	喀拉拉，特里凡特朗	世界印度教大会⑤
2014.12	11	穆斯林，低种姓	喀拉拉，阿勒皮	世界印度教大会⑥
2014.12	58	基督徒，达利特	喀拉拉，戈德亚姆	世界印度教大会⑦
2014.12	128	基督徒	旁遮普，阿姆利则	国民志愿服务团⑧

---

① Neha Singh. 225 Tribal Christians "Voluntarily Re-Converted" to Hinduism in Gujarat, Claims VHP. (2014-12-21) [2022-03-15]. https://www.ibtimes.co.in/225-tribal-christians-voluntarily-re-converted-hinduism-gujarat-claims-vhp-617872.

② 部落本是人类学确立的学术范畴，在印度，指在殖民政治话语下用来指代居住在山地和森林地区，信仰泛灵论或部落宗教的原始土著。参阅：吴晓黎. 印度的"部落"：作为学术概念和治理范畴. 世界民族，2014(5):60.

③ Neha Singh. 225 Tribal Christians "Voluntarily Re-Converted" to Hinduism in Gujarat, Claims VHP. (2014-12-21) [2022-03-15]. https://www.ibtimes.co.in/225-tribal-christians-voluntarily-re-converted-hinduism-gujarat-claims-vhp-617872.

④ Neha Singh. 225 Tribal Christians "Voluntarily Re-Converted" to Hinduism in Gujarat, Claims VHP. (2014-12-21) [2022-03-15]. https://www.ibtimes.co.in/225-tribal-christians-voluntarily-re-converted-hinduism-gujarat-claims-vhp-617872.

⑤ The Hindu. 11 Muslims convert to Hinduism in Kerala under Ghar Wapsi. (2014-12-24) [2022-03-15]. https://www.thehindubusinessline.com/news/national/11-Muslims-convert-to-Hinduism-in-Kerala-under-Ghar-Wapsi/article20937898.ece.

⑥ The Hindu. 11 Muslims convert to Hinduism in Kerala under Ghar Wapsi. (2014-12-24) [2022-03-15]. https://www.thehindubusinessline.com/news/national/11-Muslims-convert-to-Hinduism-in-Kerala-under-Ghar-Wapsi/article20937898.ece.

⑦ Rediff. Ghar Wapsi continues in Kerala; 58 more embrace Hinduism. (2014-12-25) [2022-03-15]. https://www.rediff.com/news/report/ghar-wapsi-continues-in-kerala-58-more-embrace-hinduism/20141225.htm.

⑧ Sarabjit Pandher. 128 persons reconverted to Sikhism in Amritsar. (2014-12-31) [2022-03-15]. https://www.thehindu.com/news/national/other-states/128-persons-reconverted-to-sikhism-in-amritsar/article6741187.ece.

续表

时间	人数	对象	地点	组织
2014.12	4 000	基督徒，达利特	北方邦，阿里格尔	国民志愿服务团①
2014.12	1 000	穆斯林，低种姓	北方邦，阿里格尔	国民志愿服务团②
2015.1	150	基督徒，部落民	西孟加拉，比尔普姆	世界印度教大会③
2015.1	4 000	穆斯林，低种姓	北方邦，阿约提亚	世界印度教大会④
2015.2	22	基督徒	喀拉拉，戈德亚姆	世界印度教大会⑤
2015.7	39	基督徒	喀拉拉，阿勒皮	世界印度教大会⑥
2016.1	15	基督徒，达利特	泰米尔纳德，卡特帕迪	国民志愿服务团⑦
2017.4	53 个家庭	基督徒	贾坎德，昆蒂	国民志愿服务团⑧

① Vasudha Venugopal. RSS plans to convert 4,000 Christian & 1,000 Muslim families to Hinduism. (2014-12-10)［2022-03-15］. https://economictimes.indiatimes.com/news/politics-and-nation/rss-plans-to-convert-4000-christian-1000-muslim-families-to-hinduism/articleshow/45442684.cms?from=mdr.

② Vasudha Venugopal. RSS plans to convert 4,000 Christian & 1,000 Muslim families to Hinduism. (2014-12-10)［2022-03-15］. https://economictimes.indiatimes.com/news/politics-and-nation/rss-plans-to-convert-4000-christian-1000-muslim-families-to-hinduism/articleshow/45442684.cms?from=mdr.

③ Soudhriti Bhabani. Ghar Wapsi: More than 100 tribal Christians converted to Hinduism in West Bengal. (2015-01-29)［2022-03-15］. https://www.indiatoday.in/india/east/story/ghar-wapsi-drive-reconversion-vhp-tribal-christians-converted-to-hinduism-jugal-kishore-praveen-togadia-west-bengal-237786-2015-01-29.

④ Arshad Afzal Khan. VHP to hold "ghar wapsi" for 4,000 Muslims in Ayodhya in January. (2014-12-24)［2022-03-15］. https://timesofindia.indiatimes.com/india/VHP-to-hold-ghar-wapsi-for-4000-Muslims-in-Ayodhya-in-January/articleshow/45624372.cms.

⑤ The Hindu. 22 reconvert under "ghar wapsi" in Kerala. (2015-02-02)［2022-03-15］. https://www.thehindu.com/news/national/kerala/22-reconvert-under-ghar-wapsi-in-kerala/article6846578.ece.

⑥ Maggie Davis. Viswha Hindu Parishad "converted" Christians to Hinduism in Kerala. (2015-07-20)［2022-03-15］. https://www.india.com/news/india/viswha-hindu-parishad-converted-christians-to-hinduism-in-kerala-468968/.

⑦ The Hindu. 15 Dalit Christians "re-converted" in "ghar wapsi" ceremony. (2016-01-21)［2022-03-15］. https://www.thehindu.com/news/national/tamil-nadu/15-Dalit-Christians-'re-converted'-in-'ghar-wapsi'-ceremony/article14011875.ece.

⑧ India Today. 53 families converted to Hinduism: RSS in Jharkhand wants block to be Christianity-free. (2017-04-12)［2022-03-15］. https://www.indiatoday.in/fyi/story/rss-53-families-converted-hindus-jharkhand-christianity-free-970803-2017-04-11.

续表

时间	人数	对象	地点	组织
2017.4	53个家庭	基督徒，部落民	马哈拉施特拉	部落民福利社 国民志愿服务团①
2017.4	19	穆斯林，低种姓	北方邦，法扎巴德	国民志愿服务团②
2017.5	20	穆斯林，低种姓	北方邦，法扎巴德	国民志愿服务团③
2019.1	96	基督徒	特里普拉，乌那高迪	印度教觉醒论坛 世界印度教大会④

以国民志愿服务团为首的同盟家族是"回家运动"的推动者。国民志愿服务团（Rashtriya Swayamsevak Sangh）由海德戈瓦尔（Keshav Baliram Hedgewar）于1925年创立。国民志愿服务团以团结印度教徒，为印度教民族奉献为目标，意图以一种积极奉献和友爱的精神，唤醒民众的民族意识。国民志愿服务团认为，只有通过组织形式，印度教民族的精神和政治维度才能得到宣传和强化⑤。为了将松散的印度教徒团结在一起，国民志愿服务团大力推动基层组织建设，在各地广泛设立分部（shakha），并借鉴西方的军事化和集体管理方式，要求成员穿着统一的白色上衣和卡其色短裤，每天定时接受体质训练和思想教育。国民志愿服务团不断向其成员宣传外来宗教对印度教的威胁。领袖拉金德拉·辛格（Rajendra Singh）曾称建立印度教民族是国民志愿服务团的目标，印度社会应该是同质的，

---

① Varun Singh. RSS volunteers to kick off ghar wapsi campaign in Maharashtra. (2017-04-12) [2022-03-15]. https://www.asianage.com/metros/mumbai/120417/rss-volunteers-to-kick-off-ghar-wapsi-campaign-in-maharashtra.html.

② Pakistan Defence. RSS evagelists convert 43 Muslims in Uttar Pradesh to Hinduism. (2017-05-25) [2022-03-15]. https://defence.pk/pdf/threads/rss-evagelists-convert-43-muslims-in-uttar-pradesh-to-hinduism.500614/.

③ Pakistan Defence. RSS evagelists convert 43 Muslims in Uttar Pradesh to Hinduism. (2017-05-25) [2022-03-15]. https://defence.pk/pdf/threads/rss-evagelists-convert-43-muslims-in-uttar-pradesh-to-hinduism.500614/.

④ Debraj Deb. "Ghar Wapsi" bid in Tripura: 96 Christians "reconverted" to Hinduism. (2019-01-21) [2022-03-15]. https://indianexpress.com/article/north-east-india/tripura/ghar-wapsi-bid-in-tripura-96-christians-reconverted-to-hinduism/.

⑤ Ian McDonald. Physiological Patrots: the Politics of Physical Culture and Hindu Nationalism in India. International Review for Sociology of Sport, 1999, 34(4):349.

应该成为印度教联邦①。国民志愿服务团力图将印度教徒打造成爱国无私、忠于民族和组织、体质良好、拥有男子气概和自我约束的新形象。

国民志愿服务团以自身为核心，建立了诸多附属组织，其中，参与了"回家运动"的主要包括以下组织：

第一，世界印度教大会（Vishwa Hindu Parishad）。该组织成立于1964年，旨在组织巩固印度教社会，服务保护印度教法。通过提供诸多覆盖卫生和教育等方面的服务，世界印度教大会意图巩固印度教社会中的大众阶层。世界印度教大会还努力消除不可接触者等社会弊端，促进印度教社会复兴，巩固印度教社会的团结②。世界印度教大会是推动"回家运动"的中坚力量，曾在北方邦、西孟加拉邦和喀拉拉邦等地组织多起改教活动。

第二，部落民福利社（Vanavasi Kalyan Ashram）。部落民福利社成立于1952年，致力于提升印度部落群体的地位。通过发起教育、卫生和宗教等方面的项目，部落民福利社意图将部落群体带入印度主流社会当中，消除印度教社会和部落民众之间的差异③。在"回家运动"中，部落民福利社的主要工作是抵制基督教传教士在部落地区的传教活动，同时也模仿传教士的方法，对部落民进行改教。

第三，印度教觉醒论坛（Hindu Jagran Manch）。印度教觉醒论坛由维奈·卡迪亚（Vinay Katiyar）于1982年创立，旨在推动基督教徒和穆斯林改教。在"回家运动"中，印度教觉醒论坛多次配合国民志愿服务团开展改教工作。

第四，印度人民同盟和印度人民党。在政治方面，国民志愿服务团在戈尔瓦卡尔担任领导人后，逐渐扩大了活动范围。1951年，在戈尔瓦卡尔的支持下，印度人民同盟（Bharatiya Jana Sangh）成立。为了防止宗教少数群体分裂印度，印度人民同盟主席巴尔拉杰·马多克（Balraj Madhok）根据萨瓦卡尔和戈尔瓦卡尔提出的印度教特性理论，规劝宗教少数群体要印度教化，要吸收印度教文化特征，同化到以印度教民族为代表的印度民

---

① Yogendra K. Malik, Dhirendra K. Vajpeyi. The Rise of Hindu Militancy: India's Secular Democracy at Risk. Asian Survey, 1989, 29(3):312.

② Vishwa Hindu Parishad. VHP at a Glance. (2020-05-17)［2022-03-15］. https://vhp.org/vhp-at-glance/about-vhp/.

③ Vanavasi Kalyan Ashram. Vision & Mission. (2020-05-17)［2022-03-15］. https://vanavasi.org/about-us/.

族中①。1977年，印度人民同盟联合其他党派赢得大选，开始在中央执政。1980年，国民志愿服务团成员和部分印度人民同盟成员联合成立印度人民党（Bharatiya Janata Party）。国民志愿服务团为印度人民提供了意识源泉和行动指南，并向其输送人员。1989年，印度人民党将印度教特性确定为党的指导思想，目的是建立一个独具特色的印度教占统治地位的强国②。印度人民党的党员多次公开参加"回家运动"的仪式活动，为同盟家族助力。

三、"回家运动"的特点和影响

"回家运动"范围广，影响人口多，在"回家运动"长期的开展过程中，同盟家族不断优化其方法，学习其他宗教的传教方式，最终形成了包括建立组织网络、开展福利活动、宣传宗教历史和举行改教仪式活动的"回家运动"的开展模式。同时，同盟家族也将暴力活动带入"回家运动"中去，通过攻击传教士，向基督徒和穆斯林施压，制造恐惧，防止印度教徒改教到其他宗教，加速促进基督徒和穆斯林改教印度教。在推动"回家运动"的过程中，同盟家族的干部深入村庄和部落等偏远地区，从事宣传和组织建设工作，这无疑是对他们的历练，也促进了同盟家族的干部队伍建设。

（一）"回家运动"的特点

相比于闪米特宗教主动传教的模式，"回家运动"是一种被动的行为。传统印度教中并没有改教的概念，印度教改教是在面对西方文化入侵、印度教徒数量减少的情况下，由雅利安社结合印度教传统文化发明的。在推进"净化运动"和"回家运动"的过程中，雅利安社和同盟家族将基督教和伊斯兰教建构为"有威胁他者"的形象，通过改教来实现自身的诉求。

同盟家族在推动"回家运动"时采取了双重标准。一方面，他们反对对印度教徒的改教，认为这种改教活动应当受到法律的限制，因为传教士通过物质诱惑引诱人们改变信仰，是一种"强制的""欺骗的"改教方式，是违反宪法的。另一方面，同盟家族又在积极地推动"回家运动"，将改教到伊斯兰教和基督教的人改教印度教。

---

① R. G. Fox. Gandhian Socialism and Hindu Nationalism: Cultural Domination in the World System. The Journal of Commonwealth and Comparative Politics, 1987,25(3):237.

② 邱永辉. 浅析"印度教特性"政治. 南亚研究季刊, 2003(2):20.

徘徊在印度教徒—穆斯林或印度教徒—基督教徒边界上的群体是"回家运动"的主要目标，他们依旧遵循印度教和穆斯林或是印度教和基督教混合的生活方式，同时庆祝印度教和伊斯兰教或基督教的节日。例如拉其普特穆斯林仍旧穿着印度教服饰，崇拜印度教神，在婚姻和饮食习惯上也保持着印度教传统，同盟家族在针对拉其普特穆斯林的改教中试图让他们放弃伊斯兰化的生活习惯，如埋葬死者、念尼卡和割礼①。而达利特基督徒除了会庆祝圣诞节，也会同村庄其他印度教徒一起庆祝印度教节日，同盟家族力争用印度教偶像取代十字架，让他们放弃去教堂祈祷②。因此，开展针对这些群体的"回家运动"也是一场去伊斯兰化或去基督化的运动。同时，这部分"边缘"群体往往都是聚居在一起的，这使得同盟家族在推动"回家运动"时更加专注于群体性改教，而非针对单个人的改教。

参与"回家运动"的人们的声音是缺失的。在针对各地"回家运动"的新闻报道中，提及的基本都是印度教右翼分子如何将人们改教，很少去报道参加仪式的人是如何看待这场运动以及为何要改教。在仅有的几篇报道中，一位来自古吉拉特邦丹格斯地区的基督徒称，由于亲人病重，他和家人才改信基督教，并去基督教医院看病③。另一位来自特里普拉的印度教徒称，其家庭非常贫困，基督教传教士将他们改教为基督教徒，但后来传教士行为不端，他参加"回家运动"改信印度教完全是出于自愿④。然而，仅凭为数不多的报道很难去真正了解和分析人们参加"回家运动"的意图。

在推动"回家运动"时，同盟家族不仅仅是简单地举行公开改教仪式活动，在这背后更是大力推行长期有针对性的宣传和准备工作。这些宣传和准备工作基本模式为：同盟家族会先派干部在当地建立组织网络，会开

---

① Deryck O. Lodrick. A Cattle Fair in Rajasthan: The Kharwa Mela. Current Anthropology, 1984,25(2):223.

② Prakash Louis. Dalit Christians: Betrayed by State and Church. Economic and Political Weekly, 2007,42(16):1411.

③ Vaibhav Jha. Tribal district of Dang: Families with Christian and Hindu members show the way to communal harmony. (2020-01-02) ［2022-03-15］. https://indianexpress.com/article/india/tribal-district-of-dang-families-with-christian-and-hindu-members-show-the-way-to-communal-harmony-6195735/.

④ Debraj Deb. "Ghar Wapsi" bid in Tripura: 96 Christians "reconverted" to Hinduism. (2019-01-21) ［2022-03-15］. https://indianexpress.com/article/north-east-india/tripura/ghar-wapsi-bid-in-tripura-96-christians-reconverted-to-hinduism/.

展教育、医疗和社会福利相关的活动。之后同盟家族会充分营造"回家运动"的氛围,提醒被改教者其共同的印度教徒祖先和一个统一国家的重要性,向他们警告传教士的阴谋,强调基督教和伊斯兰教是一种"甜蜜而缓慢的毒药",而其宣扬的改教是"破坏印度文化和分裂印度的长期阴谋"①。接着,同盟家族的干部对目标群体的历史和目前的生活条件进行一些研究,以找出如何接近他们的方法。这些工作人员会向他们介绍本地历史英雄的英勇事迹,以唤起他们的共鸣。准备工作完成后,同盟家族会以节日或其他庆祝活动作为依托,准备具体的仪式活动。在改教仪式上,被改教的人会被召集起来,由祭司主持仪式,这些仪式包括吟诵祭词、饮用恒河水等。同盟家族还会要求他们将其原有名字改变为印度教徒的名字,并颁布证书以确认他们的印度教徒身份。"回家运动"的仪式结束后,同盟家族的干部还会与新获得印度教徒身份的人们保持定期联系。

  总的来说,同盟家族在不断的实践中,确立了包括建立组织网络、开展福利活动、宣传宗教历史和举行改教仪式活动在内的"多管齐下"的"回家运动"活动模式。但在不同地区和面对不同群体时,同盟家族会采取更加灵活多变的方式来开展工作。例如,针对部落民的改教活动,同盟家族的各项工作完全模仿了基督教传教士的传教模式,以开展各种社会福利项目来吸引部落民。而在针对穆斯林高种姓群体时,同盟家族更多是从其种姓角度出发,通过唤起其对种姓身份的自豪感来开展改教工作。在总的活动模式的框架下,同盟家族针对不同目标群体采取针对性的工作,这也使得"回家运动"呈现出多样性的特点。

(二)"回家运动"的影响

  在同盟家族倡导的印度教特性意识形态中,印度教认同和民族认同是等同的。同盟家族强调的印度教认同是当代建构和过去传统结合的产物,通过发现传统,同盟家族意图激活印度教徒对于印度教文化的自豪感。为了建构和强化印度教认同,推动"回家运动"顺利开展,印度教民族主义者在文化、社会领域开展了各种活动,这有利于克服印度教群体涣散、缺乏凝聚力的问题。然而,穆斯林和基督徒被印度教民族主义者建构为"有威胁他者"的形象,针对他们的改教进一步加固了印度教与其他宗教文化之间的教派壁垒,恶化了印度国内各宗教群体之间的关系。

---

① Mohan Joshi. Parvartan: A Key to National Security. New Delhi: Routledge, 2005:34.

在推动"回家运动"的过程中，暴力行为时有发生。例如，在古吉拉特邦的"回家运动"伴随着对基督教机构和传教士的暴力行为，在丹格斯地区，暴力分子四处散发宣扬暴力的传单，呼吁印度教徒一起行动，彻底清除该地区的基督教徒。在奥里萨邦盖翁切尔骚乱中，澳大利亚基督教传教士格雷厄姆·斯坦尼斯（Graham Staines）和他的两个儿子在骚乱中被同盟家族的成员活活烧死[①]。在奥里萨邦的坎达马，世界印度教大会致力于将这里的部落居民改教为印度教徒，导致了被印度教化的部落民和达利特基督徒之间的紧张关系。2007年12月，当基督教机构遭到袭击后，这种紧张局势愈演愈烈。在世界印度教大会的领导人斯瓦米·拉克斯曼达·萨拉斯瓦蒂（Swami Laxmananda Saraswati）被刺杀后，从2008年8月开始出现了更多的针对基督徒的暴力事件[②]。"回家运动"给宗教少数群体带来了暴力和痛苦，对传教士的暴力行为是通过制造恐惧，以防止他们进行改教活动的一种方式，而言语和行为上的恐吓目的是让人们远离基督教和伊斯兰教。通过将其他宗教的改教行为视为"非法"，同盟家族试图在社会文化事务上发挥警察的作用，抵制一切改教行为。

同盟家族开展的宣传和准备工作，提供各种福利条件，并未能对印度教内部的种姓制度带来的压迫和不平等以任何改观。处于印度教种姓制度边缘的群体渴望有尊严的生活和社会平等，为了走出困境，逃避种姓压迫，选择了脱离印度教，改教到其他宗教。同盟家族虽然承认了这一事实，但在推行"回家运动"时并没有彻底去解决种姓问题，而是试图通过满足物质条件来换取"回家"。对于那些贫苦受压榨的人们来说，"回家运动"中许诺的激励因素是他们改教的动力。事实上，他们不会比较不同信仰的精神价值来做出选择，他们的改教行为不是宗教信仰相关的，而是为了更好地获得资源和权利，而宗教则是实现这种选择的途径。因而"回家运动"中，宗教价值被淡化，印度教的宗教感召力不足。

世界印度教大会领导人布拉温·陀贾迪雅（Pravin Togadia）曾称，其组织的目标是确保印度教徒的人口数不低于82%，并通过"回家运动"

[①] Brut. The Murder of Graham Staines. (2020-01-23) [2022-03-15]. https://www.brut.media/in/news/the-murder-of-graham-staines-460d1b3b-9448-4414-a4bc-04ee1b33b9a8.

[②] Debabrata Mohanty. Slain VHP man was conversion king. (2008-08-25) [2022-03-15]. http://www.indianexpress.com/story/353136.html.

实现100%的印度人都是印度教徒①。但是在实际操作中，"回家运动"的具体效果难以估量。由于同盟家族未将准确的改教人数加以记录并公开，并且部分参与"回家运动"的人会重新改信其他宗教②，所以很难去衡量"回家运动"成功与否。并且根据印度每十年的人口普查的数据，从1951年到2011年，印度教徒占印度总人口比重持续下降，从1951年的84.1%降到了2011年的79.8%，而穆斯林人口比重则持续上涨，从1951年的9.8%增加到了2011年的14.23%，基督教徒占比基本稳定③。从人口数据来看，同盟家族推动的"回家运动"并未能实现其预设的目标。

在准备和推动"回家运动"的过程中，同盟家族指派各组织干部深入村庄和部落等偏远地区，从事宣传和组织建设工作，这无疑也是对他们的历练。在长期的基层工作中，这些干部了解了当地社会的基本状况和民众的实际需求，有利于"回家运动"的开展，也有利于各组织在这些地区的渗透，扩大影响力。干部处理各种问题，这也是提高其综合素质的过程，有利于同盟家族各组织的干部队伍建设。

四、结论

萨瓦卡尔和戈尔瓦卡尔等印度教民族主义思想家提出的印度教特性理论构成了"回家运动"的思想基础。基于印度教特性这一标准，印度教民族主义者明确区分了民族，而非宗教意义上的印度教徒和非印度教徒。在这套印度教民族主义的政治话语下，印度的基督徒和穆斯林祖上均为印度教徒，后因受到外部影响而改信了其他宗教，所以将这些"曾经的印度教徒"改教回印度教是在宗教意义上的"回家"。

"回家运动"不单单是宗教运动或是民族主义运动，而是在印度的宗教民族主义，即印度教民族主义驱动下的带有强政治性的宗教改教运动，印度教民族主义者试图通过"回家运动"来增加印度教徒人数，最终完成

---

① Vanavasi Kalyan Kendra. Dharma Prasar Yojana. Sonbhadra: Vishva Hindu Parishad publication, 1992:111.

② Pralay Kanungo. RSS's Tryst with Politics, from Hedgewar to Sudarshan. New Delhi: Manohar, 2002:155-156.

③ Office of the Registrar General & Census Commissioner, Population by religious community. (2015-08-25) [2022-03-15]. https://web.archive.org/web/20150825155850/http://www.censusindia.gov.in/2011census/C-01/DDW00C-01%20MDDS.XLS.

建构印度教民族国家的设想。在具体的操作过程中，"回家运动"又呈现出社会运动的特点，印度教民族主义者灵活运用各种方法改教其他宗教信徒。在推动"回家运动"的过程中，印度教民族主义者也从党派政治的角度做出了努力。以民族国家建构为目的的印度教民族主义主导了"回家运动"，一定程度上丰富了宗教民族主义的内涵和多样性。

但是，"回家运动"也有不良影响，主要体现在第三部分中：（1）同盟家族在推动"回家运动"时采取了双重标准，丑化其他宗教的改教方式，认为其是非法的，将自己的改教定义为符合印度教法。（2）针对少数群体的改教不利于社会团结和宗教平等。（3）"回家运动"中的暴力行为容易激起宗教对立，恶化了宗教群体间的关系。（4）"回家运动"中的参与者的反馈是缺失的，导致外界并不能真正了解这部分人的生活状况。

参考文献

[1] 韦伯. 印度的宗教：印度教与佛教. 康乐, 简惠美, 译. 桂林：广西师范大学出版社, 2010.

[2] 蒋忠新. 摩奴法论. 北京：中国社会科学出版社, 2007.

[3] 林承节. 印度史. 北京：人民出版社, 2004.

[4] 邱永辉. 浅析"印度教特性"政治. 南亚研究季刊, 2003（2）：20-26.

[5] 邱永辉. 印耶皈依之辩：殖民时期印度教与基督教的对话. 南亚研究季刊, 2009（4）：88-93.

（作者系国防科技大学国际关系学院助教）

右翼民粹、反全球化与政党重组：美国与印度的案例比较①

张诚杨　高熙睿　陈　晞

【摘　要】近年来，右翼民粹主义和反全球化思潮在全球范围内兴起。在此背景下，美国和印度政坛都出现政党重组趋势。特朗普在2016年美国大选中带领共和党取得大胜，但是政党重组趋势却在2020年大选中终止。莫迪所带领的印度人民党则凭借印度教民族主义于2014年和2019年先后赢得大选，彻底翻转了原有政党体系。本文认为，全球化进程在美印两国遭遇的"逆火效应"是政党重组趋势的根源，但是由于两国国家建构阶段的不同和社会经济与文化的差别，政党重组趋势最终走向殊异。数十年来，全球化进程在美国的发展培育出以多元主义和进步主义为取向的中左翼自由主义，形成了有利于该进程不断深化的"正反馈"循环，因此能够阻遏右翼民粹所驱动的政治变革趋势。但是在国家建构尚未完成的印度，强调种族、宗教文化和身份认同统一性的右翼思潮占据主流，具有比全球化进程更为深厚的社会基础，因此在民心丕变之时，右翼政党崛起之势便难以阻挡。美国政治和印度政治中出现的政治变革对理解世界政治的发展趋势具有重要意义。

【关键词】政党重组　反全球化　民粹主义　美国政治　印度政治

一、引言

随着全球范围内民粹主义和反全球化思潮的兴起，多国国内政治生态

---

① 本文感谢北京大学国际关系学院朱文莉教授的指导意见。

受到前所未有的冲击，其中欧美发达国家最受关注。尤其是2016年特朗普胜选美国总统，不仅颠覆了美国国内政治格局，还促使右翼民粹势力在欧美多国崛起。而在发展中国家，带有民粹主义和本土主义倾向的右翼政党的兴起同样影响深远，其中以印度为典型：莫迪领导的印度人民党（简称"印人党"）及全国民主联盟在2014年和2019年接连获得出人意料的大胜，重塑了印度政党格局。作为发达国家和发展中国家的代表，美印两国国内政治中出现的剧变很可能在一定程度上具有"风向标"的意义。

美印两国出现的政治变革趋势以政党重组（party realignment）为主要特征。政党重组是指政党体系发生的周期性的、持续的、重大的变化，包括一党在认同、议题、领导人、选民的构成、政党的力量、政治体制等方面发生的结构性变化，及其导致的新旧政党格局交替。美国和印度的政党格局分别在2016年和2014年后发生剧变，但是两国政党重组趋势的走向和结果却大相径庭：美国的政党重组趋势在2018年有所放缓，两年后则陷入停滞；印度的政党格局则在2019年彻底完成转型并固化为新政党格局。

基于此，本文试图探究的问题是：为何美印两国都出现政党重组趋势，却又最终走向殊异？本文的核心假设是：全球化的次生效应和金融危机引发民粹浪潮，进而导致美印政党重组趋势的出现；但是两国支持全球化的中左翼自由主义力量强弱有别，从而使两国政党重组趋势的结果不同。进言之，上述差别从根本上反映出美印因所处国家建构阶段不同所造成的社会经济文化条件方面的差异。

既有研究为本文的分析奠定了知识基础。拉基米尔·奥兰多·基（Valdimer Orlando Key, Jr.）首次指出"关键性选举"（critical election）后政党之间力量对比与政党的选民构成相比，将发生剧烈而持久的变化，也就是"政党重组"[1]。此后，许多外国学者进一步发展了政党重组理论[2]。具体到政党重组理论的应用场景，学术界普遍认为上一次美国的政

---

[1] V. O. Key. A Theory of Critical Elections. Journal of Politics, 1955,17(1):3-11.

[2] Walter Dean Burnham. Critical Elections and the Mainsprings of American Politics. New York: Norton, 1970:168; Angus Campbell, et al. The American Voter. New York: Wiley, 1960:531-538; Angus Campbell, et al. Elections and the Political Order. New York: Wiley, 1966:224-226; Walter Dean Burnham. Critical Elections and the Mainsprings of American Politics. New York: Norton, 1970:1-18; Gerald Pomper. Classification of Presidential Elections. Journal of Politics, 1967,29(3):535-566.

党重组发生于 1980 年代里根政府上台的时期,但是 2016 年特朗普的意外胜选重新燃起了各国学者对这一概念的关注和讨论。部分学者聚焦于特朗普的胜选策略,认为特朗普战略性地发现并利用了美国民众潜在的政治认同分裂,从而扩大了自身的选民基本盘,对建制派形成"出其不意"的打击①。另有一部分学者则着眼于特朗普胜选的深远意义,认为这次选举反映出美国社会经济结构的根本性变化,或者美国的政党体制将由此出现深刻变迁,即政党重组②。中国学界也对美国政党重组趋势十分关注,形成了大量研究成果③。

政党重组理论较少见于对发展中国家国内政治变革的研究中。但在 2014 年和 2019 年两次印度大选后,学术界普遍认为印度新的政党格局已经形成,关于印度政党重组问题的讨论热烈起来。其中一些学者从微观层面解释了印人党取胜的原因,包括选战策略的成功、选民基础的巩固与扩大等方面④;另一些研究则系统性地梳理了印度政党体系的历次变革,指

---

① Alan I. Abramowitz. The Great Alignment: Race, Party Transformation, and the Rise of Donald Trump. New Haven: Yale University Press, 2018; Michael Tesler, John Sides. How Political Science Helps Explain the Rise of Trump: the Role of White Identity and Grievances. The Washington Post, 2016-03-03.

② Frank J. DiStefano. The Next Realignment: Why America's Parties are Crumbling and What Happens Next. Buffalo: Prometheus Books, 2019; John Sides, Michael Tesler, Lynn Vavreck. Identity Crisis: The 2016 Presidential Campaign and the Battle for the Meaning of America. Princeton: Princeton University Press, 2018.

③ 潘亚玲. 从熔炉到战场: 美国政党重组中的族裔角色. 国际关系研究,2016(6):16-33; 王浩. 结构重组与过程重塑: 特朗普执政以来的美国政治. 美国问题研究,2019(1):170-188; 王浩. 当代美国的政党政治极化: 动因、走向与影响. 美国问题研究,2020(2):170-203; 王浩. 选情与疫情叠加下的美国政治: 认同分裂、政党重组与治理困境. 统一战线学研究,2020(5):78-85.

④ Oliver Heath. Communal Realignment and Support for the BJP: 2009—2019. Contemporary South Asia, 2020, 28(2):195-208; Shreyas Sardesai. The Religious Divide in Voting Preferences and Attitudes in the 2019 Election. Studies in Indian Politics, 2019, 2(7):161-175; Sandeep Shastri. The Modi Factor in the 2019 Lok Sabha Election: How Critical was it to the BJP's Victory?. Studies in Indian Politics, 2019, 7(2):206-218; Christophe Jaffrelot. The Modi-centric BJP 2014 Election Campaign: New Techniques and Old tactics. Contemporary South Asia, 2015, 23(2):151-166; Louise Tillin. Indian Elections 2014: Explaining the Landslide. Contemporary South Asia, 2015, 23(2):117-122; K. C. Suri. Social Change and the Changing Indian Voter: Consolidation of the BJP in India's 2019 Lok Sabha Election. Studies in Indian Politics, 2019, 7(2):234-246; E. Sridharan. Class Voting in the 2014 Lok Sabha Elections: The Growing Size and Importance of the Middle Classes. Economic and Political Weekly, 2014, 49(39):72-76.

出由印人党主导的第四个政党体系已经出现①。国内也有多位学者表达了类似观点②，但是相关研究鲜有使用政党重组理论者，也未从比较政治学角度将美印出现的共同趋势等量齐观，因此将政党重组理论迁移至当前印度国内政治是本文的创新之处。此外，结合全球化前途未卜、右翼思潮与民粹主义方兴未艾的宏观背景，从美国和印度的案例出发，也有助于把握世界政治的演进趋势，理解发达国家与发展中国家民主政治面临的变革与挑战。

在材料方面，本文援引了近年来美印历次大选投票结果和民调数据，以及两国政要的英文、印地文公开演讲等第一手材料。在结构安排方面，本文将在第二部分概述美印政党重组趋势的过程与结果，第三和第四部分则分别探究对这一趋势的共同根源和路径差异，先后进行求同比较和求异比较，第五部分总结全文逻辑并指出本文的理论和政策意涵。

二、美印政党重组趋势的过程与结果

美印两国的政党重组趋势都出现于2010年代中期，但最终走向殊异。美国的政党重组"高开低走"，最终只出现"趋势"而并未成为"事实"。这一趋势在2016年大选中显现，特朗普与迈克·彭斯以45.97%的选民票赢得304张选举人票，爆冷击败获得48.06%选民票的希拉里·克林顿

---

① Christophe Jaffrelota, Gilles Verniersb. A New Party System or a New Political System?. Contemporary South Asia, 2020, 28(2):1-14; Pradeep Chhibber, Rahul Verma. The Rise of the Second Dominant Party System in India: BJP's New Social Coalition in 2019. Studies in Indian Politics, 2019, 7(2):131-148; Arjan H. Schakel, Chanchal Kumar Sharma, Wilfried Swenden. India After the 2014 General Elections: BJP Dominance and the Crisis of the Third Party System. Regional & Federal Studies, 2019, 29(3):1-26; M.Vasihnav, J. Hinston. India's New Fourth Party System. How India Voted: A Symposium On the Results of the 2019 General Election (Seminar 720), 2019; P. Chhibber, R. Verma. Ideology and Identity: The Changing Party Systems of India. Delhi: Oxford University Press, 2018; Subrata K. Mitra, J. Schöttli. India's 2014 General Elections: A Critical Realignment in Indian Politics?. Asian Survey, 2016, 56(4):605-628.

② 林承节. 印度政坛新格局. 北京：社会科学文献出版社，2020；姜景奎，贾岩. 从多元到一元："印度"概念的当代变迁. 世界知识，2020(21):17-19；许娟. 宗教政治化：印度教民族主义的再次兴起及其对印度外交的影响. 南亚研究，2020(2):1-31；张书剑."印人党独大"下的"多数主义"施政. 世界知识，2020(21):14-17.

与蒂姆·凯恩①。同时，共和党在参众两院中分别获得52席和241席，虽然有所减损但均超过多数，由此实现14年来的首次全面执政。更为醒目的变化出现在选票构成上。从族裔的角度看，民主党不出意外地赢得了少数族裔的绝大部分选票，保住了其基本盘。从阶层和地理分布的角度看，民主党的失败来源于支持自己的中下层白人选民群体的流失，而这一群体则以大湖区"铁锈带"各州②的制造业白人蓝领/工人阶级为代表。在此情况下，民主党的选民联盟大幅缩小，仅在少数族裔、女性、知识分子等群体的支持率上占据明显优势，而在中产阶级这一基本盘上的优势不再。反映在地理上，民主党的传统优势票仓仅剩新英格兰地区和太平洋沿岸，大湖区则落入共和党之手，而后者还在南部和中西部地区占据稳固优势。此外，民主党的选民主要集中于大中型城市群，但是中小城市和乡村地区则多为共和党所掌控。因此，2016年大选在政党间力量对比和选民联盟的结构两个层面出现重大变化，预示着政党重组趋势的开端（表1）。

表1 美国2012年与2016年总统大选选民类型分布（%）③ 单位：%

选民类型		2012			2016		
		总计	共和党候选人支持者	民主党候选人支持者	总计	共和党候选人支持者	民主党候选人支持者
性别	男性	47	52	45	48	53	41
	女性	53	44	55	52	42	54
族裔	白人	72	59	39	70	58	37
	非洲裔	13	6	93	12	8	88
	拉美裔	10	27	71	11	29	65
	亚裔	3	26	73	4	29	65
	其他	2	38	68	3	37	56

① 本章有关美国大选和中期选举的数据来源于美国有线电视新闻网（CNN）。包括2016年大选数据：https://www.cnn.com/election/2016/results/president；2018年中期选举数据：https://www.cnn.com/election/2018/results；2020年大选数据：https://www.cnn.com/election/2020/results/president.

② 一般而言，包括传统上以制造业为支柱产业的密歇根州、俄亥俄州、宾夕法尼亚州、印第安纳州、威斯康星州、伊利诺伊州、明尼苏达州等等。

③ President Exit Polls. ［2021-08-25］. https://www.nytimes.com/elections/2012/results/president/exit-polls.html.

续表

选民类型		2012			2016		
		总计	共和党候选人支持者	民主党候选人支持者	总计	共和党候选人支持者	民主党候选人支持者
年龄	18—29岁	19	37	601	19	37	55
	30—44岁	27	45	52	25	42	50
	45—64岁	38	51	47	40	53	44
	≥65岁	16	56	44	15	53	45
学历	高中学历及以下	24	52	47	18	51	45
	本科学历	58	50	48	64	46	49
	研究生学历	18	55	42	18	37	58
家庭年收入	少于30 000美元	20	35	63	17	41	53
	30 000—49 999美元	21	42	57	19	42	51
	50 000—99 999美元	31	52	46	31	50	46
	100 000—199 999美元	21	54	44	24	48	47
	≥200 000美元	7	54	44	10	48	47
宗教信仰	新教徒或其他基督教徒	53	57	42	52	58	39
	天主教徒	25	48	50	23	52	45
	犹太教徒	2	69	30	3	24	71
	其他	7	23	74	8	29	62
	无信仰	12	26	70	15	26	68
性取向	性少数群体	5	22	76	5	14	78
	非性少数群体	95	49	49	95	47	48

然而，这一趋势在2018年美国中期选举中有所放缓。此次选举涉及35个参议院席位（包括2席补选）、全部众议院席位以及36个州长职位的改选，被认为是2020年大选的风向标。共和党在本次选举中有所斩获，参议院席位扩大至54席，众议院方面则维持在密歇根州等大湖地区的相对优势，并主政18个州，多于民主党的16个。然而，民主党才是本次选举的真正赢家：不仅以新增41席的优势从共和党手中夺回众议院多数，

并且使7个州"翻蓝"。其中包括威斯康星州、密歇根州和伊利诺伊州三个"铁锈带"州，大有遏制大湖区整体"变红"之意。经此一役，民主党尽管没有完全挽回2016年大选中失去的白人蓝领选民群体，但是有效地阻止了本党基本盘的继续流失，并且基本恢复了两党之间的均势。

2020年大选则彻底终结了美国的政党重组趋势，使美国和印度的政党体制变革之路分道扬镳。拜登与贺锦丽以史上最高的8 120多万张选民票（得票率51.3%）领先特朗普和彭斯的7 420多张选民票（得票率46.8%），凭借306张选举人票大胜。在选票的构成上，民主党也延续2018年中期选举的态势，阻止了白人蓝领选民群体全面倒向共和党，并扳回宾夕法尼亚、威斯康星和密歇根三个"铁锈带"州，成功在大湖区重建"蓝墙"①。在参议院改选中，民主党增加3席至48席，在21世纪以来首次掌握多数席位②，共和党则由53席降至50席。同时，民主党还保住了明尼苏达州、密歇根州和伊利诺伊州三个"铁锈带"州的参议员席位，侧面印证了该党尚未完全失去这一地区的支持。在众议院选举中，民主党虽然跌至222席，但是依然超过多数门槛，从而实现全面执政。此外，民主共和两党在州长选举中则互有胜负，虽然共和党新斩获蒙大拿州，但是没有打破两党的固有格局。民主党依然在新英格兰地区、西海岸和大湖区占据优势（见表2、表3）。

表2　美国2016年与2020年总统大选选民类型分布③　　　单位：%

选民类型		2016			2020		
		总计	共和党候选人支持者	民主党候选人支持者	总计	共和党候选人支持者	民主党候选人支持者
性别	男性	48	53	41	48	53	45
	女性	52	42	54	52	42	57

① 除俄亥俄州和印第安纳州之外，民主党候选人赢下其余大湖区各州的选举人票。
② 民主党籍参议员为48位，同时民主党团还包括伯尼·桑德斯和安格斯·金两位现任无党籍联邦参议员，再加上参议院若出现50-50僵局时可由民主党籍副总统投出关键票，所以民主党可以被认为掌握参议院的相对多数。
③ Election 2016: Exit Polls. ［2021-08-25］. https://www.nytimes.com/interactive/2016/11/08/us/politics/election-exit-polls.html.

续表

选民类型		2016			2020		
		总计	共和党候选人支持者	民主党候选人支持者	总计	共和党候选人支持者	民主党候选人支持者
族裔	白人	70	58	37	67	58	41
	非洲裔	12	8	88	13	12	87
	拉美裔	11	29	65	13	32	65
	亚裔	4	29	65	4	34	61
	其他	3	37	56	4	41	55
年龄	18—29 岁	19	37	55	17	36	60
	30—44 岁	25	42	50	23	46	52
	45—64 岁	40	53	44	38	50	49
	≥65 岁	15	53	45	22	52	47
学历	高中学历及以下	18	51	45	59	43	55
	本科学历	64	46	49	41	50	48
	研究生学历	18	37	58	—	—	—
性取向	性少数群体	5	14	78	7	27	64
	非性少数群体	95	47	48	93	48	51

表 3 近三次美国大选中大湖区各州投票情况　　　　单位：%

大湖区各州	2012		2016		2020	
	共和党	民主党	共和党	民主党	共和党	民主党
明尼苏达州	45.1	52.8	44.9	46.4	45.3	52.4
威斯康星州	46.1	52.8	47.2	46.5	48.8	49.4
密歇根州	44.8	54.3	47.3	47.0	47.8	50.6
伊利诺伊州	41.1	57.3	38.4	55.2	40.6	57.5
印第安纳州	54.3	43.8	56.5	37.5	57.0	41.0
俄亥俄州	48.2	50.1	51.3	43.2	53.3	45.2
宾夕法尼亚州	46.8	52.0	48.2	47.5	48.8	50.0

反观印度，政党重组由"趋势"走向"现实"。2014 年大选中印度人民党历史性的胜利标志着印度政党重组趋势的开启。在这次大选中，选

民投票率超越此前历届大选达到峰值（见图1），印人党和国大党力量对比发生明显变化：印人党成为20多年来首个获得单独组阁所需的多数席位的政党，结束了1984年以来的联合执政历史，在短短几十年间完成了从建党到成为全国第一大执政党的进程。总体来看，2014年大选中印人党得票率上升了12.19%，在人民院的席位从116个上升至282个，由其领导的全国民主联盟更是获得了335个席位。此外值得关注的是，印人党以31%的选票赢得了人民院52%的席位，选票—议席转化率显著提升。而国大党与团结进步联盟则面临前所未有的失败[①]。

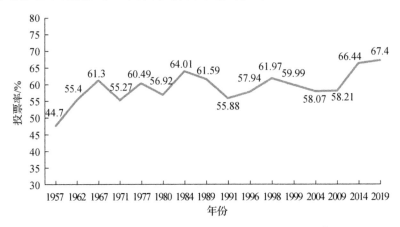

图1　1957—2019年印度大选投票率变化图[②]

从选票情况来看，政党选民基础的地理分布和社会构成也发生了显著变化。在地理分布层面，印人党在2014年大选后的势力远超国大党，而国大党受到印人党和地方性政党的同时挤压。在此次选举中，印人党的胜利集中在其具有传统优势的印地语带和西部地区，在北部地区的表现也较好；但其在东部、东北部和南部地区的力量依然薄弱，虽然选票数量增加，但是胜率依然极低，实际收益极小（见表4、图2）。在社会构成层面，与1996年印人党第一次以少数席位上台时相比，印人党不仅巩固了其传统的上层阶级和高种姓的选民基础，而且成功地扩大了其在中下层阶级、贫民、其他落后种姓、表列种姓和表列部落的选民基础，而这些原本是国大党的选民基础（见表5、表6）。

---

① Statistics: National Election Study 2014. Economic and Political Weekly, 2014, 49(39):130.

② 数据来源：CSDS National Election Study Statistics.

表4 2009—2014年印度大选中印度人民党在各邦的议席和得票率变化 ①

行政区	2014年参与竞选议席/个	2014年议席/个	较2009年议席变化/个	2014年支持率/%	较2009年支持票率变化/%	行政区	2014年参与竞选议席/个	2014年议席/个	较2009年议席变化/个	2014年支持率/%	较2009年支持票率变化/%
印地语带						南部					
比哈尔邦	30	22	10	29.83	15.45	安得拉邦	4	2	2	7.18	5.72
恰蒂斯加尔邦	11	10	0	48.74	3.72	卡纳塔克邦	28	17	-2	43.01	1.38
哈里亚纳邦	8	7	7	34.74	22.65	喀拉拉邦	18	0	0	10.33	4.02
喜马偕尔邦	4	4	1	53.35	3.77	泰米尔纳德邦	9	1	1	5.47	3.13
贾坎德邦	14	12	4	40.11	12.58	西部					
中央邦	29	27	11	54.03	10.59	果阿邦	2	2	1	53.45	8.67
拉贾斯坦邦	25	25	21	54.94	18.37	古吉拉特邦	26	26	11	59.05	12.53
北方邦	78	71	61	42.32	24.82	马哈拉施特拉邦	24	23	14	27.32	9.15
北阿坎德邦	5	5	5	55.32	21.52	东部					
北部						奥迪沙邦	21	1	1	21.54	4.66
印控克什米尔	6	3	3	32.36	13.75	特伦甘纳邦	8	1	1	10.37	3.19
旁遮普邦	3	2	1	8.74	-1.33	西孟加拉邦	42	2	1	16.84	10.69
东北部						中央直辖区					
阿萨姆邦	13	7	3	36.51	20.30	安达曼-尼科巴群岛	1	1	0	47.80	3.58
曼尼普尔邦	2	0	0	11.91	2.42	昌迪加尔	1	1	1	42.20	12.49
梅加拉亚邦	1	0	0	8.90	8.90	达德拉-纳加尔哈维利	1	1	0	48.88	2.45
特里普拉邦	2	0	0	5.70	2.32	达曼和第乌	1	1	0	53.83	-11.65
锡金邦	1	0	0	2.36	0.59	德里	7	7	7	46.42	11.18
						拉克代夫群岛	1	0	0	0.43	-0.19

注：（1）阿鲁纳恰尔邦所在区位大部分由中国政府宣称主权，称为藏南。中国政府不承认印度控制该地区或者设立此邦的合法性。（2）2014年印度人民党在米佐拉姆邦、那加兰邦和本地治里市未独立参选。

---

① 数据来源：CSDS National Election Study Statistics, Economic and Political Weekly, September 27, 2014, and Election Commission data for 2009.

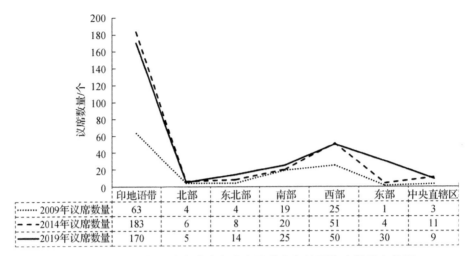

图 2　2009—2019 年印度大选中印度人民党在各地区议席数量变化图

表 5　印度人民党在不同社会群体中的得票率[①]　　　　单位：%

不同社会群体		1996	2014	2019
社会阶层	上层阶级	38	38	44
	中产阶级	28	32	38
	下层阶级	20	31	36
	贫民	13	24	36
种姓	高种姓	35	47	52
	其他落后种姓	19	34	44
	表列种姓	14	24	34
	表列部落	21	37	44
	穆斯林	2	8	8
	其他	17	19	25
城乡	农村	18	30	38
	城市	28	33	37

① 数据来源：NES 1996, 2014 and 2019.

续表

不同社会群体		1996	2014	2019
文化程度	大学及以上	35	38	42
	中学	22	33	38
	小学	18	27	35
	文盲	17	25	35
职业	专业人员	18	39	38
	商业人员	29	24	40
	农业人员	20	38	42
	低收入职业人员	16	25	35
	学生/失业/家庭主妇等	23	31	37

表6 不同社会群体选票所占印度人民党总选票的份额① 单位：%

不同社会群体		1996	2014	2019
社会阶层	上层阶级	12	14	16
	中产阶级	31	38	23
	下层阶级	35	33	32
	贫民	22	15	29
种姓	高种姓	41	33	29
	其他落后种姓	32	38	39
	表列种姓	10	13	13
	表列部落	7	7	9
	穆斯林	1	3	3
	其他	9	5	7
城乡	农村	68	64	77
	城市	32	36	26

① 数据来源：NES 1996, 2014 and 2019.

续表

	不同社会群体	1996	2014	2019
文化程度	大学及以上	18	33	32
文化程度	中学	30	29	27
文化程度	小学	17	18	18
文化程度	文盲	35	20	23
职业	专业人员	15	9	8
职业	商业人员	10	9	7
职业	农业人员	21	15	15
职业	低收入职业人员	16	27	28
职业	学生/失业/家庭主妇等	38	39	42

在2019年大选中，印人党再次大获全胜，使2014年关键性选举后形成的政党格局固化。此次选举中，政党的力量对比继续向印人党倾斜。印人党议席从282个增加至303个，得票率从2014年的31%上升为37.4%。而国大党基本上被边缘化，左翼阵营惨败，地区性政党也在各自邦遇挫。从地理分布来看，虽然印人党在印地语带和西部地区受到了轻微阻力，但基本保持固有优势；在东部地区，印人党取得了重大突破（见表7、图2）。从选民基础的层面来看，2019年大选延续了2014年选民基础调整的趋势：在高种姓和中上层阶级的选民继续支持印人党的同时，作为国大党原有选民基础的社会地位和收入水平处于中下层的社会群体进一步流向印人党，印人党在这些群体中的得票率涨幅均在5%以上（见表5、表6）。如今该党约四分之三的选民来自农村[①]，下层阶级和贫民成为选票份额最大的两个社会阶层。这一变化意味着印人党已经突破了选民基础在种姓、社会阶层和城乡上的障碍，完全重塑了原有的政党格局。

---

① P. Chhibber, R. Verma. The Rise of the Second Dominant Party System in India: BJP's New Social Coalition in 2019. Studies in India Politics, 2019, 7(2):132.

表7 2014—2019年印度人民党在各邦的议席和得票率变化[①]

行政区	2019年参与竞选议席/个	2019年议席/个	较2014年议席变化/个	2019年支持率/%	较2014年支持率变化/%	行政区	2019年参与竞选议席/个	2019年议席/个	较2014年议席变化/个	2019年支持率/%	较2014年支持率变化/%
印地语带						南部					
比哈尔邦	17	17	-5	23.58	-5.80	安得拉邦	24	0	-2	0.96	-6.22
恰蒂斯加尔邦	11	9	-1	50.70	1.96	卡纳塔克邦	27	25	8	51.38	8.37
哈里亚纳邦	10	10	3	58.02	23.28	喀拉拉邦	15	0	0	12.93	2.60
喜马偕尔邦	4	4	0	69.11	15.76	泰米尔纳德邦	5	0	-1	3.66	-1.13
贾坎德邦	13	11	-1	50.96	10.85	西部					
中央邦	29	28	1	58.00	3.97	果阿邦	2	1	-1	51.18	-2.27
拉贾斯坦邦	24	24	-1	58.47	3.53	古吉拉特邦	26	26	0	62.21	3.16
北方邦	78	62	-9	49.56	7.24	马哈拉施特拉邦	25	23	0	27.59	0.27
北阿坎德邦	5	5	5	61.01	5.69	东部					
北部						奥迪沙邦	21	8	7	38.37	16.83
印控克什米尔	6	3	0	46.39	14.03	特伦甘纳邦	17	4	3	19.45	9.08
旁遮普邦	3	2	0	9.63	0.90	西孟加拉邦	42	18	16	40.25	23.41
东北部						中央直辖区					
阿萨姆邦	10	9	2	36.05	-0.46	安达曼-尼科巴群岛	1	0	-1	45.30	-2.50
曼尼普尔邦	2	1	1	34.22	22.31	昌迪加尔	1	1	0	50.64	8.44
梅加拉亚邦	2	0	0	7.93	-0.97	达德拉-纳加尔哈维利	1	0	-1	40.92	-7.96
米佐拉姆邦	1	0	0	5.75	5.75	达曼和第乌	1	1	0	42.98	-10.85
特里普拉邦	2	2	2	49.01	43.33	德里	7	7	0	56.56	10.15
锡金邦	1	0	0	4.71	2.35	拉克代夫群岛	1	0	0	0.27	-0.16

注：（1）阿鲁纳恰尔邦所在区位大部分由中国政府宣称主权，称为藏南。中国政府不承认印度控制该地区或者设立此邦的合法性。（2）2019年印度人民党在那加兰邦和本地治里市未独立参选。

---

① 数据来源：Election commission data compiled by CSDS data unit.

三、美印政党重组趋势的产生根源

美国和印度在相近的时间、以相似的方式出现政党重组趋势,其背景是全球化进程在两国遭遇的"逆火效应"。在作为世界头号发达国家的美国,20世纪90年代以来一路高歌猛进的全球化进程积累了大量的社会矛盾,遭到以右翼民粹为代表的反全球化势力的阻击,呈现出"物极必反"的趋势。而在作为发展中国家后起之秀的印度,全球化因素的成长同样招致种种反动,深陷"水土不服"的窘境。具体而言,两国都曾经历金融危机所引发的民粹浪潮,进而出现左右翼政治思潮的激荡和政治力量对比的深刻变化,最终导致政党体系的变动。

(一)美国全球化"物极必反"与右翼民粹主义的崛起

美国的政党重组趋势虽然出现于2016年,但是其动力因素发轫于八年之前,其根源则可以追溯至2008年。彼时,美国次贷危机引发全球金融危机,造成严重经济衰退和一系列社会问题,促使美国社会反思新自由主义经济理念及其背后的全球化趋势。短期来看,金融危机酿成严重的社会后果,导致美国政府与建制精英失信于民,2011年爆发的"占领华尔街"运动集中体现了底层民众的不满,对经济自由化、全球化持反对态度的民粹浪潮自此潜滋暗长。从长期视角看,奥巴马政府虽然成功带领美国实现了经济复苏,却未能应对全球化进程带来的深刻社会矛盾。

过去数十年间,美国左右翼从不同方面推进了全球化进程。左翼所奉行的文化多元主义顺应了移民大量涌入美国的潮流,鼓励少数族裔、女性、性少数群体和穆斯林积极维护自身权利,促使美国进一步从以 WASP 文化①为主导的社会转向包容多元文化文明的社会,并将这种多元主义上升为整个社会的"政治正确"。倡导"自由放任"经济模式的右翼则引领经济层面的全球化,推进美国贸易和金融政策的自由化,力主为美国经济特别是资本市场的增长松绑。两种主张一度并行不悖、相互促进,但是随着全球化进程的深入,两种趋势很快超出了平衡所允许的范围而走向极端。一方面,大量涌入的新移民并没有成为"美利坚民族"大熔炉之中的一员,反而加剧了美国种族地图的"马赛克化",同时各身份群体对自身尊严的强调无意间使"政治正确"在学术界和主流媒体的助推下发展到登峰造极

---

① 即白人(White)、盎格鲁-撒克逊(Anglo-Saxon)、新教徒(Protestant)为主导群体的文化模式。

的地步，引起其他群体特别是白人男性群体的反感。尤其是为了照顾部分少数群体而出现的各种形式的"支持性行动"（affirmative actions）引发了其他群体对社会公平的新担忧。另一方面，经济自由化的突飞猛进引发了严重的收入不平等问题，底层劳动者的相对获益远远小于资方，财富大量集中于金融阶层和高新技术产业从业者，有学者据此认为美国已进入第二次"镀金时代"[①]。同时，过度自由化导致的金融危机与经济衰退造成中产阶级规模严重萎缩，加剧贫富分化[②]。此外，自由贸易政策还进一步加速制造业切分生产链，并将大量生产环节向海外低成本生产地转移，导致本土产业空心化和制造业岗位大量流失，"铁锈带"各州的白人蓝领首当其冲。

在奥巴马执政时期，以身份政治冲突为核心的社会矛盾不断积累，为反对全球化两大进程的右翼民粹势力崛起提供了空间。在文化方面，该群体担忧多元主义将使美国的主流文化和认同支离破碎，因此反对以"政治正确"的形式保护各式各样的身份群体，而主张加强社会认同"合众为一"的"美利坚民族"，并强调白人在这一共同体中的主体地位，要求维护以WASP为基础的美国文化传统。相应地，右翼民粹势力还反对滥用"支持性行动"，要求公共政策避免过度考虑不同群体之间的身份差异，以维护个体的自由。在经济层面，右翼民粹势力则和左翼民粹在某些议题上趋于合流，共同反对贸易和金融的过度自由化，希望政府能够采取措施，促使制造业回流和增加就业岗位以缓解收入不足的难题。右翼民粹主义者规模庞大，虽然具体数量并不可知，但是在2016年大选中，正是持该立场的民众跨越了民主共和两党选民联盟之间的传统界限，通过选票支持特朗普而显示了自身的"威力"。

然而，民主党并未有效应对民意变化。原因在于：其一，民主党未能掌控国会和激烈党争对奥巴马施政造成的严重掣肘，使白宫无法出台标本兼治的有效政策，尤其是共和党于2014年取得参众两院的控制权后，奥巴马彻底沦为"跛脚鸭"总统。其二，奥巴马与民主党左翼的部分政策非

---

① Larry M. Bartel. Unequal Democracy: The Political Economy of the New Gilded Age. New York: Russel Sage Foundation, 2008.

② 美国皮尤研究中心（Pew Research Center）发表于2015年的《美国中产阶级正在衰落》（The American Middle Class is Losing Ground）报告显示，美国成年人的中等收入人群为1.208亿人，低收入和高收入群体的总数则为1.213亿人，中产阶级人数首次跌破成年人口总数的一半。

但没有化解社会矛盾,反而使身份政治在美国政治生活中更具争议性。例如:民主党执政的加利福尼亚、纽约等州相继酝酿或推出教育领域的平权法案,以"支持性行动"提高非洲裔和拉美裔学生的录取率;最高法院于2015年6月裁定同性婚姻在全美范围内合法;奥巴马政府于2016年5月签署"厕所令",允许公立学校的学生根据自身的性别认同而非生理性别选择厕所,这些举动刺激了偏保守的右翼民粹主义者。其三,奥巴马的自由贸易政策甚至违背了本党的主流立场,加速疏远了制造业工人这一重要民主党票仓。在《北美自由贸易协定》广为国内制造业工会和蓝领所批评的背景下,奥巴马却又推动《跨大西洋贸易与投资伙伴关系协议》(TTIP)谈判并签订《跨太平洋伙伴关系协定》(TPP),招致部分左翼选民的强烈不满。因此,在奥巴马政府末期,大部分美国民众都对当政者的表现深感失望,有超过50%甚至70%的民众认为美国的方向是错误的[①]。值得注意的是,民粹思潮不仅与右翼相结合,还出现在左翼阵营。以桑德斯为代表的激进左翼与建制派的分道扬镳也是导致民主党在2016年大选中溃败的又一原因[②]。

相比之下,共和党则积极因应来势汹汹的民粹浪潮,在选战中塑造有利于己的政治议程,尝试建立容纳中下层白人的民族—民粹主义联盟,争取民主党的传统票仓。在社会文化议题上,共和党是代表相对传统和保守的"红色美国",特别是对基督教福音派(Evangelical Christian)和白人"重生基督徒"(White Born-Again Christian)有着极大吸引力[③]。在经济议题上,为共和党所领衔的右翼则通常情况下是古典自由主义的拥趸,共和党政治领袖常代表能源、军工等大型企业和中高层收入群体的利益。然而,共和党抓住民主党逐渐失去大湖区白人蓝领民心的契机,适时调整政策,

---

① Polls: Direction of the Country. [2021-08-25]. http://www.realclearpolitics.com/epolls/other/direction_of_country-902.html.

② 在2016年民主党党内初选中,激进左翼的代表、自称民主社会主义者的桑德斯在承受着民主党建制派巨大压力的情况下依然挺进民主党提名终选,获得了年轻选民和独立选民的大力支持,与建制派的代表希拉里分庭抗礼。最终,虽然桑德斯在选举中负于希拉里未能获得提名,但是其支持者广泛质疑选举的公平性,并据此谴责民主党建制派,甚至在随后的总统大选中转投共和党阵营。参见 Mortimer B. Zuckerman. The Divided Party. (2016-06-24) [2021-08-25]. https://www.usnews.com/opinion/articles/2016-06-24/bernie-sanders-is-dividing-the-democratic-party.

③ 在2016年大选中,有26%的选民属于这一群体,并且其中81%的人投票支持特朗普,仅有16%的人支持希拉里;而在非基督教福音派或白人"重生基督徒"选民中,这一比例则是35%比59%。数据来源同本文第三部分的出口民调。

大力拉拢这一群体，强调其与共和党传统支持者之间的共同社会文化归属而淡化经济阶层差距。

同时，共和党阵营领袖特朗普的个人作用也不容忽视。特朗普以"非主流"政治家的姿态示人，善于使用并主流的叙事和手段动员选民，并且此姿态与右翼选民联盟的偏好高度契合，起到了巩固甚至扩大选民基础的效果，进而推动了政党重组的趋势。究其本质而言，作为极富人群代表的特朗普和其选民本不属于同一条战线，但是特朗普通过煽动种族歧视、性别歧视、排外情绪和反智主义成功动员所谓"愤怒的底层白人"群体[①]。特朗普的"出格"言行虽然突破了美国政坛传统和政治正确的界限[②]，但是获得了目标选民的良好反响，使后者在心理上跨越阶层的障碍，将操弄民粹主义的特朗普式顶级富豪认同为"我们"，而将与自己同为社会中下层的少数族裔民众、移民和性少数群体视为破坏"美利坚民族"精神、损害自身生活福祉的"他者"。

（二）印度全球化"水土不服"与印度教民族主义的兴起

印度政党重组趋势的出现同样有其经济根源，并且和全球化进程密切相关。印度的财政和贸易双赤字与劳动力富裕的结构性特征使其经济增长较为依赖外国投资，因此易受国际金融海啸冲击。譬如2008年国际金融危机中，印度流入资本突然逆转，宏观经济表现出现较大波动，尤其是国民生产总值（GDP）增速下降[③]。严峻的经济形势往往直接冲击没有稳定工作的低收入群体与农民，但是高收入群体的财富仍然增长。2008年国际金融危机爆发后，虽然印度GDP增速降低，但是人均GDP仍然保持2%以上增速，低收入群体和农民所承受的经济压力在平均指标上表现并不明显。

印度在全球化进程中创造了大量财富，但"无就业增长"现象较为严重。1991年开启经济自由化改革以来，印度维持着较高的GDP增长率，而且2000年经济增长趋势愈加稳定。然而，印度的失业率并未因显著的经济增长而下降，历年数据较1990年没有明显变化，一直稳定地维持在5%

---

① 朱文莉. 富豪民粹考验美国政治 // 王缉思. 中国国际战略评论2018：上. 北京：世界知识出版社，2018.

② 具体手段包括：鼓吹质疑奥巴马总统出生地的种族主义阴谋论；大肆宣扬修建美墨边境墙；直接或间接地为白人至上主义团体站台甚至默许其暴力行为；使用粗鄙而有违政坛惯例的语言攻击政治竞争对手（特别是女性政敌）；等等。

③ 冯俊新. 印度经济改革与宏观稳定性研究. 北京：中国社会科学出版社，2020：5.

左右。在 2008 年、2020 年等 GDP 增长率下降的年份，印度失业率上升；而 GDP 增长率上升的年份，印度失业率没有相应下降，说明印度的经济增长没有吸纳和创造足够就业[①]。印度的无就业增长与较高的贫困发生率表明，大量贫困人口未能在全球化带来的经济增长中获益。近年来，印度信息产业发展瞩目，作为边际效益递增产业，理应创造更多就业机会并带动相应产业发展，而印度的失业率却没有因此下降。这说明印度在全球化阶段经历了多年的无就业增长，且其经济增长创造的大部分财富并未被全社会分享，而是为富有人群如企业主和高管，以及大财团等特定利益群体所攫取。长期的无就业增长本就导致民众和本土精英不满，2008 年的金融海啸使民众更为失望。随着社会不公平问题不断累积，这种不满情绪演化为仇视精英的右翼民粹情绪，引发民粹浪潮。

同时，印度还面临着社会资源分配严重不均以及贫困持续深化的困境。印度目前的教育资源分配较不均衡，优质教育资源以经济条件与城乡地域为转移。拥有较好教育资源的西式精英群体凭借边界效益递增的信息产业在全球化中大量获益，积累更多财富，而大部分贫困群体仍从事低报酬的劳动密集型工作，或者进入城市务工，收入来源较不稳定，贫富差距显著拉大。虽然印度的总体贫困率呈下降趋势，但是总体贫困率的绝对数字仍然较高，说明印度多数人民的生活水平与收入提高的速度与创造财富的速度匹配度低，反映出财富分配不均。根据世界银行的数据，按照印度国家贫困线计算，1993 年贫困人口占总人口比例为 45.3%，2004 年仍有 37.2%，金融危机后的 2009 年，这一比例仍然高居不下，为 29.8%[②]。

意识形态领域的变化是民粹浪潮的催化剂。全球化进程在印度的深入几乎伴随着印度教民族主义的抬头。国大党政府关注经济改革，其秉持的多元世俗主义却因支持者数量的减少而在意识形态领域的影响力式微，最终在对民粹浪潮的利用中落于下风，不敌更有号召力的印度教民族主义[③]。与此同时，以国民志愿服务团（Rashtriya Swayamasevak Sangh）

---

① GDP growth (annual %) – India.［2021-08-25］. https://data.worldbank.org/indicator/NY.GDP.MKTP.KD.ZG?locations=IN; Unemployment, total (% of total labor force) (modeled ILO estimate) – India.［2021-08-25］. https://data.worldbank.org/indicator/SL.UEM.TOTL.ZS?locations=IN.

② Poverty headcount ratio at national poverty lines (% of population) – India.［2021-08-25］. https://data.worldbank.org/indicator/SI.POV.NAHC?locations=IN.

③ 宗教性是印度文化最显著的特征之一。以印度教为例,该教成了印度教徒日常生活、社会习俗和宗教信仰的杂糅集合。

及其领导的团家族（Sangh Parivar）为代表的右翼势力却如日中天。国民志愿服务团以印度教民族主义为核心意识形态，是印度最大的右翼社团，也是印人党的重要支持力量。其下设多个外围组织或子机构①，被统称为团家族。印度右翼经常批评印度经济在全球化阶段创造本土就业有限，且对人民生活水平提升不足，民众的失望不满迅速演变为民粹浪潮。譬如国民觉醒阵线②的召集人阿施瓦尼·马哈詹曾发表声明称，"经济分支机构对政府关于外商直接投资将带来经济增长并在该国创造就业的论点有质疑"，并进一步断言，"印度经济在过去25年的全球化令人非常失望，就业增长率已经放缓，减贫率下降，不平等现象扩大，普通人的贫困生活并没有缓解"③。这种对全球化的看法一定程度上代表了印度右翼的整体观点，具有可观的民意基础。

印人党以印度教民族主义为意识形态基础上台，并推动印度教民族主义成为当代印度最主流的社会政治思潮。从宗教构成上看，印度人口中78%为印度教徒，大部分人可以被归为印度教民族主义者；而在贫困人口中，印度教徒也同比例地占据了大部分。国大党多为西式精英，常秉持世俗多元主义与自由主义的立场，而印人党多为本土精英④，并且印人党有大量干部出身草根，为民粹浪潮所青睐。国大党一直因家族政治与腐败

---

① 包括世界印度教大会（विश्व हिंदु परिषद）、全印学生大会（अखिल भारतीय विद्यार्थी परिषद）、印度工人联盟（भारतीय मज़दूर संघ）和全国穆斯林论坛（मुस्लिम राष्ट्रीय मंच）等。

② 国民觉醒阵线，印地文为स्वदेशी जागरण मंच，转写为 Swadeshi Jagaran Manch，是国民志愿服务团附属的右翼经济分支机构，是一个倡导经济自给自足的国家游说团体，在经济问题上秉持右翼立场。例如，其认为外国直接投资自由化是一种"背叛信任"和"反国家"行为。参见安德森，达姆勒.国民志愿服务团如何重塑印度？.朱翠萍，译.北京：社会科学文献出版社，2020:211.

③ Put on Hold the Decision to Ease FDI Norms, Demands SJM. ［2021-08-25］. https://swadeshionline.in/news/put-on-hold-the-decision-to-ease-fdi-norms-demands-sjm.

④ 本土精英群体区别于西式精英，他们大致分为三类，第一类是尼赫鲁大学等印度顶尖名校出身的精英，这些精英在学生时代就多投身于全印学生大会（अखिल भारतीय विद्यार्थी परिषद，Akhil Bharatiya Vidyarthi Parishad）等右翼青年学生组织。他们普遍认为印人党比国大党上升空间更大，更有希望也更有能力领导印度，这一类是印人党的潜在世俗支持者，他们数量庞大且掌握着各个行业的话语权；第二类是国民志愿服务团出身的干部和印人党的骨干，比如印度总理纳伦德拉·莫迪和内政部部长阿米特·沙阿，又或者是高种姓传统文化精英，比如国民志愿服务团主席莫亨·帕格沃特。这些本土精英多推崇印地语，在正式场合使用印地语，甚至比母语更加频繁，比如莫迪一般使用印地语而非母语古吉拉特语演讲，莫亨·帕格沃特一般使用印地语而非母语马拉地语演讲。他们对西方文化持保留或者批评态度，除建设强大国家的现代化主张之外，还多保有国族整合、推广印地语与印度传统文化、梵化城市名、解决阿约提亚寺/庙之争等社会文化议程。

问题而为人诟病，同时领袖拉胡尔·甘地也不及克里斯玛型的"强人"莫迪。此外，印度反对全球化和重视民族工业的天然思想渊源与价值取向在金融海啸中被激发，成了民粹浪潮的重要主张。曾领导国大党的圣雄甘地曾认为印度社会问题的主要原因是在全球化过程中成了英国大工业的牺牲品[①]，故开启并主导了全球化与自由化政策的国大党无异于自毁长城，成为众矢之的。

同时，印人党则调整自身选战策略，充分利用民粹浪潮。印人党通过围绕国家主权和安全问题激发选民的民族主义情绪来获取支持，具体表现在三个方面：其一，在对外强硬的基础上强调大国战略和全球影响力，相较于传统的民族主义更容易得到民众支持，可以激励传统的支持者为该党动员选票。其二，印人党和国民志愿服务团将自身塑造为"爱国主义"的唯一代言人，削弱了反对党爱国的合法性基础，任何反对执政党政策的声音都易被舆论打上"背叛国家"的标签，反对党难以还击。其三，连任选举时将公众舆论导向印度教民族主义，一定程度上转移民众对印人党政府第一个任期经济表现不佳的不满情绪，将国家间矛盾置于国内矛盾之上，有利于印人党拉拢摇摆不定的选民。印人党对利用突出的外部事件主导舆论的做法起到了辅助作用。从2014年5月开始，莫迪政府就努力树立其作为国家安全守护者的形象，从未放弃过利用外交问题激发民众的爱国情绪与民族主义情绪。在2019年大选前的几周，印人党政府因普尔瓦马恐怖袭击事件发动了对巴基斯坦的报复性空袭。这一举动回应了民众的高涨的民族主义情绪，不仅增加了民众对莫迪的支持，也限制了反对党对印人党的挑战。此外，印人党还充分利用母机构国民志愿服务团所提供的外部支持。在无就业增长的经济社会背景下，国民志愿服务团主张经济政策改弦更张，强调关注农民、小微企业与下层民众的利益，对这些未在全球化中显著获益的群体而言具有巨大诱惑力，引导民众支持印人党。国民志愿服务团和团家族还为印人党提供了充足的竞选资金，形成对于国大党的明显优势。

四、美印政党重组趋势的路径差异

如前文所述，美国和印度的政党重组趋势起点相近，走向却大相径庭。

---

① 冯俊新. 印度经济改革与宏观稳定性研究. 北京：中国社会科学出版社，2020：13.

究其原因，正是作为阻力因素的中左翼造成了这一差异。在美国，虽然民主党力量一度受挫，但是其得益于全球化所塑造的社会经济与文化条件，中左翼自由主义在美国社会根基深厚，得以阻挡右翼浪潮建立压倒性优势。反观印度，偏中左翼的意识形态在印度教民族主义兴起、国大党溃败后一蹶不振，其亲全球化的立场也远未成为印度社会的主流思潮。究其原因，印度国家建构进程的滞后要求其政府和社会拥抱"一个印度"立场，强调统一的印度特性和印度教认同，从而成为右翼势力"树大根深"的有利条件。

（一）美国：中左翼自由主义元气未伤

美国中左翼力量的根源在于社会文化中根深蒂固的、以多元主义和进步主义为核心的自由主义共识。理论上，主张全球化的立场与中左翼自由主义的价值取向一脉相承，后者更是基于以自由、平等为核心的美国主流价值体系，同时又是对古典自由主义、新政自由主义和新自由主义的进一步发展。结合民情来看，近年来美国公众虽然对全球化的疑虑情绪上升，但是亲全球化的多元主义和进步主义价值观不仅在社会中树立"政治正确"的显性标准，更在潜移默化中塑造着国民的观念认同。在多元族裔、多元文化和多元性向的话题上，进步主义的观点占据明显优势。超过半数美国公众认为反思本国的种族主义历史有益于社会，而仅约四分之一的人持相反意见[1]。美国社会整体上对多元化持宽容态度，仅约三分之一的民众认为出生地和宗教对国家归属（national belonging）有重要意义[2]；超过76%的民众认为白人人口比例的下降是"好事"或"不好不坏"，态度消极者仅占22%，其中在白人内部，持两派观点的人分居73%和26%，和总体差异不大[3]。此外，美国还有约72%的民众认为社会应当接

---

[1] Deep Divisions in Americans' Views of Nation's Racial History —and How to Address It. [2021-08-25]. https://www.pewresearch.org/politics/2021/08/12/deep-divisions-in-americans-views-of-nations-racial-history—and-how-to-address-it/.

[2] Views About National Identity Becoming More Inclusive in U.S., Western Europe. [2021-08-25]. https://www.pewresearch.org/global/2021/05/05/views-about-national-identity-becoming-more-inclusive-in-us-western-europe/.

[3] Most Americans Say the Declining Share of White People in the U.S. is Neither Good Nor Bad for Society. [2021-08-25]. https://www.pewresearch.org/fact-tank/2021/08/23/most-americans-say-the-declining-share-of-white-people-in-the-u-s-is-neither-good-nor-bad-for-society/.

受同性恋，远超反对意见的21%①。从世代变迁的角度来看，多元主义和进步主义在"千禧一代"与"Z世代"（新时代人群）中深入人心，其持续发展壮大是难以扭转的宏观趋势②。

中左翼自由主义的深厚根基可以在选举中得以体现。21世纪以来的六次总统大选中，民主党候选人共获得三次胜利，其中尚不包括2000年和2016年两次获得选民票多数但因选举人票劣势遗憾落败的情况。在21世纪以来的10届国会中，民主党在第107、112、113届占据参议院多数，在第116届占据众议院多数，而在第110、111届同时占据两院多数，与共和党旗鼓相当，尽管后者所依靠的右翼势力处于迅速上升阶段。即使在特朗普被右翼民粹势力送入白宫主政四年之后，美国社会思潮中的左翼力量依然稳健。特朗普政府的所作所为引发了左翼选民的深重忧虑，从而反向刺激这一群体加强动员，积极参与2020年大选投票③。

此外，民主党在2016败选之后积极重塑选举策略，也彰显中左翼力量在选举政治中的成熟性和灵活性。民主党在2020年积极争取重获摇摆州选民的支持，试图重建大湖区"蓝墙"。在大选期间，拜登的竞选活动即从关键摇摆州宾夕法尼亚州开始，在该州和威斯康星州、密歇根州投入大量时间和资源，与希拉里乃至奥巴马的竞选路径大相径庭④。在民主党的努力下，2016年大选中投票支持特朗普的选民中有7%在2020年大选中选投拜登，而这一数字在2016年民主党只有4%，同时在上一次大选中尚未投票的选民（约占2020年选民的11%）中有58%选投拜登，领先特朗普19个百分点。具体到关键群体白人蓝领群体，拜登在竞选过程中加大对工人阶层的关注，主张继续提高工人福利，加强

---

① The American-Western European Values Gap. [2021-08-25]. https://www.pewresearch.org/global/2011/11/17/the-american-western-european-values-gap/#homosexuality.

② Generation Z Looks a Lot Like Millennials on Key Social and Political Issues. [2021-08-25]. https://www.pewresearch.org/social-trends/2019/01/17/generation-z-looks-a-lot-like-millennials-on-key-social-and-political-issues/.

③ How America Changed During Donald Trump's Presidency. [2021-08-25]. https://www.pewresearch.org/2021/01/29/how-america-changed-during-donald-trumps-presidency/.

④ Biden Goes All in on Rebuilding "Blue Wall" in Campaign's Closing Stretch. [2021-08-25]. https://www.cnn.com/2020/10/31/politics/joe-biden-blue-wall/index.html.

工会的建设，并增强工人同资方进行集体谈判的能力①。对于奥巴马政府所采取的在制造业领域曾引起巨大争议的自由贸易政策（例如 TPP 和 TTIP），拜登予以规避，同时继续维持对华贸易高关税等保护主义举措，避免失去制造业群体的选票。在重大争议性事件频发、美国社会面临空前分裂的 2020 年大选季，民主党主打"团结"牌。拜登在选举期间多次宣称自己将成为"所有美国人的总统"，将使民众所看到的"不是红州和蓝州（Red and Blue States），而是合众国（United States）"②。值得注意的是，为了在社会文化议题上与共和党分庭抗礼，拜登也强调自己会致力于"重建美国的灵魂"，字里行间将美国的主流价值取向定义为左翼所拥护的"多元主义"而非保守右翼所坚持的 WASP 文化。民主党此举的本质是力求巩固和扩大本方的选民联盟，同时尽可能将对手的支持者限制在其基本盘之内。因此，有 19% 的选民将"能够团结国家"列为总统候选人最重要的品质，其中有高达 75% 的选民认为拜登在这一点上更胜一筹③。

（二）印度：印度教民族主义抬头

印度的价值观在全球化中虽然有过世俗化与自由化的倾向，但最终回归印度教民族主义。英格尔哈特的世界价值观调查（World Value Survey）和文化地图（Cultural Map）显示，自 20 世纪 90 年代末印度启动全球化进程起，其价值观坐标向个人主义和世俗主义方向稳步移动。2014 年莫迪凭借民粹浪潮胜选后，印度社会整体价值观右转。根据 2020 年的最新数据，印度的坐标脱离了南亚国家的类型，却与非洲—伊斯兰国家类似。同时，印度在传统/世俗－理性维度上的最高值约为 0，也即在 1996 年至 2021 年的四次调查中，印度教民族主义等带有教派色彩的政治

---

① 参见拜登的专题竞选网页：The Biden Plan for Strengthening Worker Organizing, Collective Bargaining, And Unions.［2021-08-25］. https://joebiden.com/empowerworkers/.

② 参见拜登的专题竞选网页：A Presidency for All Americans.［2021-08-25］. https://joebiden.com/presidency-for-all-americans/.

③ 当然，尽管民主党不遗余力地强调自身的代表性，但特朗普的支持者仍然拒绝予以承认。此外，有约四分之一的选民认为总统候选人最重要的是"有良好的判断"，其中 68% 的人支持拜登；同时，有三分之一的选民认为总统候选人是"强人"最为重要，持此观点的人中有 72% 认为特朗普更符合条件。两位候选人在选民心中形象的差异由此可见一斑。参见 National Exit Polls: How Different Groups Voted.［2021-08-25］. https://www.nytimes.com/interactive/2020/11/03/us/elections/exit-polls-president.html.

社会思潮始终具有较大的影响力。

实际上，印度在社会文化方面的转向并非偶然，一个重要原因在于印度独立后建立起来的国族建构框架并不稳固，导致更具本土性的印度教民族主义逐渐在国族整合的政治进程中压倒世俗主义。独立初期，国大党和中左翼在国族建构的理论框架和制度安排上与右翼迥异。国大党主张世俗化，兼顾印度多元的宗教文化与统一的国族共同体认同，坚决排斥国民志愿服务团的印度教民族主义主张；而以国民志愿服务团为代表的团家族主张以印度教群体为基础，用印度教特性意识形态整合印度。在国大党"一党独大"时期，右翼势力通过积极的社会和政治动员建构印度教认同和建立印度教徒选票仓，不断冲击中左翼世俗化、自由化力量。在政党竞争的压力下，国大党未能坚守世俗主义立场而逐渐与教派主义合流，印度教民族主义成为两党竞争的主战场。

帕格沃特与莫迪等本土精英借民粹浪潮崛起后，以印度教民族主义为共同政治思潮，填补意识形态真空，促使印度整体价值观变动。印人党与国民志愿服务团共同推动阿约提亚寺/庙之争①、废除宪法第370条款②与通过《公民身份修正法》③等"三大历史任务"作为全社会的共同议题，辅以中印边境摩擦与经济增长指标。通过印度教民族主义整合语言、国族与国家，即印地语—印度教徒—印度教国家三位一体，拓展印度教民族主义者的概念外延④，以"大一统"式的理论来克服离心因素的影响。相比之下，未能诉诸本土和传统思想资源的国大党进一步失去民意支持，没有针对基于身份认同的政治议程提出有效的应对方案，因

---

① 莫迪在任期间，最高法院就阿约提亚清真寺作出裁决，因考古鉴定巴布里清真寺残骸下有神庙遗迹，因此裁定在原址重修罗摩出生地神庙，在阿约提亚城附近开辟土地供重建巴布里清真寺。

② 2019年，印度废除宪法第370条款中关于给予查谟和克什米尔自治地位的规定，将其拆解为两个所谓"中央直辖区"，单方面改变了克什米尔的现状，将争议领土划归印度国土，加剧了克什米尔地区的紧张局势。印度这一举动在国际上未获承认。

③ 根据该法案，印度政府不会视2014年12月31日前从阿富汗、巴基斯坦、孟加拉国进入印度的印度教徒、锡克教徒、佛教徒、耆那教徒、祆教徒和基督教徒为"非法移民"，上述群体可以申请印度公民身份。但是印度第二大的宗教群体穆斯林却被该法案排除在外，这意味着有许多穆斯林将因"非法滞留"而被驱逐出印度。

④ 印度教民族主义者的狭义定义为：印地语使用者、印度斯坦居住者与印度教徒的交集；在印人党和国民志愿服务团的话语体系中，多指其广义定义，即三者的合集。

而其世俗主义和支持全球化的政纲被印人党推行的印度教民族主义政治理念取代。

印人党成功掌权后，印度的本土主义继续受到印人党内部政策因素与国民志愿服务团外部推力的共同支持。一方面，印人党与国民志愿服务团进一步促进"一个印度"，致力于通过全社会的共同纲领与政治议题将印度社会以"印度教社会"①的形式组织起来。譬如帕格沃特曾强调："国民志愿服务团不是为了建立大型组织，而是为了组织整个社会。"②而"印度教社会"是推进国族建构，确保长期稳固执政并实现以"印度教徒"为主体的"印度教国家"之关键因素。帕格沃特在公开演讲中曾重新定义"印度教徒"的概念，试图囊括各个宗教，以"印度教徒"指称所有人，弱化了种姓和宗教矛盾。对于穆斯林，团家族中有全国穆斯林论坛③；对于锡克教徒，团家族中有全印锡克会（राष्ट्रीय सिख संगत）配合莫迪帮扶穷人的政策；实际上在部分领域发动了自上而下式的平等化改革，将国内的非印度教徒转化为自己的支持者。

另一方面，国民志愿服务团明确反对印人党的全球化与自由化经济政策，并对印人党施压。国民志愿服务团主席莫亨·帕格沃特曾在 2017 年的十圣节演讲中批评了莫迪积极融入全球化的主张与激进自由化的经济政策。国民志愿服务团推崇"印度教经济"模式，主要表现为反对自由化，

---

① 国民志愿服务团认为"印度教社会"是治理印度的关键一步。莫亨·帕格沃特曾表示，国民志愿服务团这么做"不是为了秀肌肉或威胁，而是为了巩固社会以造福每个人"。原文为："उन्होंने कहा कि संघ की ताकत किसी को अपनी ताकत दिखाने के लिए या धमकाने के लिए नहीं है, बल्कि यह हर किसी की बेहतरी के लिए समाज को मजबूत करने के लिए है।", 参见 सरसंघचालक डॉ. श्री मोहन जी भागवत द्वारा विजयादशमी उत्सव (गुरुवार दिनांक २२ अक्तूबर २०१५) के अवसर पर दिये गये उद्बोधन का सारांश. [2021-08-25]. https://www.rss.org/hindi//Encyc/2015/10/22/mohan-bhagwat-Vijayadashami-Hindi-speech-2015.html.

② 原文为："राष्ट्रीय स्वयंसेवक संघ के सरसंघचालक डॉ. मोहन भागवत जी ने कहा कि बड़ा संगठन बनाना संघ का ध्येय नहीं है. बल्कि संघ का ध्येय संपूर्ण समाज को संगठित करना है।", 参见 संघ सात्विक शक्ति की विजय के लिए कार्यरत है – डॉ. मोहन भागवत जी. [2021-08-25]. https://www.rss.org/hindi//Encyc/2019/12/26/Mohan-bhagwat-ji-in-vijay-sankalp-shivir-bhagyanagar.html.

③ 团家族能够拉拢诸多穆斯林的另一重要原因是，经历印巴分治的一代人大多已经过世，新生代没有经历过当时的流血冲突，故不存在那样强烈的教派仇恨，印穆间强烈的仇恨得到了极大缓和。结果便是对于印度穆斯林而言，国家认同优先于宗教认同。

主张自给自足，主张经济政策的制定应当多关注农民与小微企业。由于印人党是国民志愿服务团的子机构，需要借助国民志愿服务团在选战中广泛的动员能力与资金支持，因此议价能力较弱。同时，由于莫迪的全球化和自由化经济政策在其第一任期内未能获得显著成效，"古吉拉特模型"①在全国层面推广并不理想，故而在第二个任期转向宗教文化政策，以提振支持率。因此，在2017年十圣节演讲后，莫迪政府迫于党内党外的压力调整了政治经济议程，其经济政策出现了民粹化，并凭借印度教民族主义立场与右翼政治议程取得民众支持。实际上，印度的政治生态右转和经济社会议题民粹化进入了相互强化的过程。印人党史无前例地推进了大量的宗教议程，例如城市名"梵化"②和上述"三大历史任务"，这些举措帮助印人党充分整合了民粹浪潮并确保其持久性。

五、结语

近年来，右翼政治势力在多国政坛崛起，美国和印度也在此力量推动下出现政党重组趋势。在美国，特朗普所代表的右翼民粹力量不仅重塑了共和党的面貌，而且还在2016年大选中撼动整个美国政坛，但是在2020年大选中却遭"蓝色浪潮"反扑，未能实现政党重组。在印度，莫迪领导的印人党乘着印度教民族主义的东风强势崛起，组建了前所未有的右翼选民大联盟，连续在2014年和2019年两次获得大胜，彻底翻转了先前国大党的一党主导体制，实现了政党体系的重组。

本文认为，美国和印度政党重组趋势的生成机制具有相似性，即全球化对本土社会的冲击造成"逆火效应"，种种社会矛盾因金融危机而全面

---

① 莫迪任古吉拉特邦邦长期间，该邦经济表现亮眼，经济增速可观。莫迪就任期间的一系列经济政策也因而被称为"古吉拉特模型"，但学界对于"古吉拉特模型"尚无统一定义，主要包括：加大基础设施投入力度，为工业化铺平道路，同时给予企业土地上和税收上的便利，吸引外商投资，以工业化推动经济增长。

② 由于中世纪穆斯林的进入以及其后世的统治，许多原本以梵文命名的城市在这个过程中被改成了波斯语名和阿拉伯语名，莫迪上台后，印人党政府将这些城市改回了梵文名。譬如，安拉哈巴德改为梵文名普拉亚格拉杰（प्रयागराज），法依扎巴德改名为阿约提亚（अयोध्या）。

爆发，引发"民粹浪潮"和政治思潮与政治势力的分化整合，最终导致政党重组趋势。然而，两国社会经济文化条件的差异，加上持亲全球化立场的中左翼自由主义力量的强弱有别，使两国政党重组趋势"分道扬镳"。数十年来，全球化进程在美国的发展培育出以多元主义和进步主义为取向的中左翼自由主义，形成有利于该进程不断深化的"正反馈"循环，因此具有阻遏右翼民粹所驱动的政治变革趋势。但是在国家建构尚未完成的印度，强调种族、宗教文化和身份认同统一性的右翼思潮占据主流，具有比全球化进程更为深厚的社会基础，因此在民心丕变之时，右翼政党崛起之势便难以阻挡。

作为发达国家和发展中国家中的代表性国家，美印两国国内政治的变革在一定程度上具有世界政治"风向标"的意义。近年来，学界大多关注发达国家出现的反全球化思潮，但是相对忽视发展中国家的类似趋势。事实上，后者是全球化进一步拓展和深化的主要空间，但其供全球化"扎根"与"生长"的社会经济和文化土壤更为瘠薄。因此，右翼思潮在全球范围内的兴起不仅仅会造成"全球化世界"的"中心塌陷"，即发达国家转向反全球化立场，也可能导致其"边缘收缩"，即发展中国家加强对全球化的抵触，这一点尤为值得重视。只有综合考虑美国和印度政治变革的共性和差异，将由发达国家和发展中国家构成的国际体系视为一个有机整体，才能以点带面地把握世界政治发展变化的全貌。

（作者：张诚杨系斯坦福大学东亚研究中心在读研究生
高熙睿系哥伦比亚大学国际与公共事务学院在读研究生
陈晞系北京大学国际关系学院在读研究生）

战略与外交研究

东南亚地缘特征及对中国的战略意义

汤禄斌

【摘　要】东南亚的地缘对中国非常重要,是影响中国周边地缘环境的重要因素之一。其重要的战略地位、丰富的自然资源,使中国与东南亚的合作具有区域合作、国家安全等诸方面的地缘战略要素。因此,东南亚对我国具有极其重要的战略意义。

【关键词】东南亚　地缘特征　战略意义

东南亚处于洲际要冲的地理位置,是世界地缘战略格局中最重要的地缘枢纽之一,具有十分重要的战略地位。东南亚地处印度洋至太平洋和亚洲至大洋洲的"十字路口",不仅是沟通亚洲、非洲、欧洲以及大洋洲的枢纽,而且是中国从海上与世界沟通的重要通道,是中国内陆地区对外联系的重要途径。东南亚国家对中国来说具有重要的地缘价值,我国与东南亚国家的关系还有待进一步加强,中国迫切需要创新与周边国家发展关系的思路,迅速开创与周边国家关系的新局面,因此,东南亚国家对中国的重要性不言而喻。

一、东南亚的地理概况

(一)东南亚地理位置

东南亚(Southeast Asia,SEA)位于亚洲东南部。中国的史籍称之为"南海"或"南洋",包括中南半岛和马来群岛两大部分。作为一个地理名称,东南亚得名于二战期间盟军司令部针对亚洲东南部的军事行动而设立的"东南亚最高统帅部",因其正确地表达了该地区的地理位置,后逐渐被世界各国通用。

半球划分：位于东半球，跨南北半球。地理位置：10°S—28°26′N，92°E—140°E。海陆位置：南邻大洋洲，北与南亚次大陆和中国接壤，西临印度洋，东濒太平洋[①]。

东南亚以马来半岛的克拉地峡为界，在地理上可以分为大陆和海岛两大部分。大陆部分位于中国和南亚次大陆之间，西临孟加拉湾、安达曼海和马六甲海峡，东濒太平洋的南海，为东亚大陆与群岛之间的桥梁[②]。越南、老挝、柬埔寨、泰国、缅甸位于这一区域，故而被统称为"大陆东南亚国家"或"半岛东南亚国家"。

马来群岛位于东半球赤道附近，亚洲东南部太平洋与印度洋之间辽阔的海域上，是世界上最大的群岛。范围北起菲律宾的吕宋岛以北，南至帝汶岛以南，西起苏门答腊，东至伊里安（新几内亚），南北长约3 500千米，东西宽约6 100千米。因岛屿上的居民以马来族为主，故称马来群岛。其中包括印度尼西亚13 600多个岛屿和菲律宾约7 100个岛屿。为研究问题方便起见，把除菲律宾以外的诸群岛统称为印度尼西亚群岛。其中主要的岛屿有印度尼西亚的大巽他群岛、小巽他群岛、摩鹿加、伊里安，菲律宾的吕宋、棉兰老、米鄢群岛。其约占世界岛屿总面积的20%，是世界上面积最大、数量最多的群岛[③]。菲律宾、马来西亚、文莱、新加坡、印度尼西亚和东帝汶位于这一区域，故而被统称为"海洋东南亚国家"或"海岛东南亚国家"。其中，印度尼西亚不仅是东南亚地区面积最大的国家，也是世界最大的群岛国家。仅东帝汶不是东盟成员国。东南亚除了老挝这个唯一的内陆国外，其余国家都是沿海国家或岛国。

（二）东南亚地形特征

1. 东南亚海陆分离

海陆两个板块的地理环境对自身内部格局具有塑造作用。中南半岛地形呈现相对对称结构，对半岛上地缘的分布具有重大影响。中南半岛

---

① http://baike.baidu.com/item/%E4%B8%9C%E5%8D%97%E4%BA%9A/390261?-fr=aladdin.

② https://baike.baidu.com/item/%E4%B8%AD%E5%8D%97%E5%8D%8A%E5%B2%9B/1596059?fr=aladdin.

③ https://baike.baidu.com/item/%E9%A9%AC%E6%9D%A5%E7%BE%A4%E5%B2%9B/391496?fr=aladdin.

高山纵列，从东向西，长山山脉、横断山脉与南续山脉将中南半岛切割成三个独立、相对封闭的地理单元，每个单元都有面积广大、肥沃的河流冲积平原，是地缘发展的地理基础。京人（越南）凭借红河的丰饶向南发展，泰人（泰国）居湄南河中下游平原，缅人（缅甸）则坐拥伊洛瓦底—萨尔温江中下游的平原，逐渐演化成当今中南半岛上三大地缘。在三大地缘交接的边缘，是缓冲地带。越南和泰国之间的缓冲地带，是北部的老挝和沿海的柬埔寨；泰国和缅甸之间的缓冲区则是北部的掸邦和沿海的孟人集团。历史上，老挝地处高原，长期处于分裂状态，到近代由法国殖民者整合成独立地缘并纳入印度支那联邦。与老挝对称的掸邦，同样地处高原，自身呈破碎化态势，后因英国入侵缅甸，也被纳入殖民统治。与柬埔寨对称的孟人集团，在18世纪中期已被纳入缅甸。在海岛地区，马六甲海峡这个海上通道为东南亚海上贸易中心的形成与发展提供了基础，历史上东南亚海上贸易中心一直位于马来半岛南端、苏门答腊东北和爪哇西北沿海这个三角范围内。室利佛逝位于苏门答腊的巨港、占碑，受到中国唐宋王朝的庇佑。满者伯夷替代室利佛逝成为海上贸易中心，其中心位于爪哇的泗水附近，满者伯夷因反抗中国元朝入侵爪哇而兴起，但对元朝采取务实态度，积极入贡。马六甲王国则是中国明朝最为忠诚的朝贡者。葡萄牙人为香料贸易而来，占领马六甲。荷兰控制香料贸易时代，贸易中心在爪哇巴达维亚。新加坡因英国殖民统治兴起，成为区内海运、转口贸易中心，现今则是美国在东南亚最为重要的合作者之一[①]。

2. 东南亚海洋属性

东南亚的地理条件不足以支撑起一个强大而统一的地缘的形成与发展；东南亚的海洋属性较强，这是东南亚更容易与域外地缘发生联系的原因。因此，东南亚容易受到域外大国的影响。地理条件使得中南半岛上各地缘自立有余而扩张力不足。马来群岛地区，各岛屿地形地貌崎岖，平原地区狭小，河流众多但短促湍急，这样的自然地理环境不利于形成稳定的农业生产系统，更不具备形成统一强大地缘的条件。海洋的开放性和季风为海上贸易提供了便捷条件，古代马来群岛各沿海邦国因海洋贸易而兴盛。海洋作为域内外地缘发生地缘互动的介质，摩擦力远小于陆地，比陆路拥有更好的通达性。中国和印度与东南亚陆上的接壤地区

---

① 秦奇，成升魁. 东南亚地缘格局时空演变研究. 太平洋学报，2017(8)：24-25.

有高山大河阻隔，在古代对地缘互动构成巨大阻碍；中印的政治经济中心都远离与东南亚接壤的边疆，因此中印古代时期在陆上对东南亚施加影响的能力也相对有限。海洋的通达性则弥补了陆路交往的不畅，域外地缘更容易通过海路与东南亚发生地缘互动。即便是中南半岛上的农业国家，也与多国有海上交往。通过海路，中国人、印度人、阿拉伯人、欧洲人纷至沓来，中华文明、印度文明、伊斯兰文明、西方文明在此汇聚碰撞，从政治、经济和文化三个层面对东南亚施加影响，深刻塑造了东南亚的地缘格局[①]。

二、东南亚的地缘特征

（一）地缘的战略性

东南亚横断印度洋和太平洋，同时也是连接亚洲和大洋洲的桥梁，控制着国际航道经中国南海进出太平洋和印度洋的马六甲海峡、巽他海峡、龙目海峡、巴士海峡和望加锡海峡等重要的战略咽喉要道，是沟通亚洲、非洲、欧洲以及大洋洲之间交通往来的必经之地，素有"战略十字路口"之称。这里不仅是东亚的门户，更是东亚的咽喉。战略地位十分重要，历来是兵家必争之地[②]。经由此地，北可入中国，南可往大洋洲，东北可进日本，西南可至南亚次大陆和海湾地区，是扼守亚、欧、非、大洋洲海空交通的战略要地和世界海空运输的重要枢纽。马六甲海峡介于马来半岛和苏门答腊岛之间，全长约1 080千米，最窄处仅为37千米，可供25万吨级巨轮出入，是连接太平洋与印度洋的"咽喉"，是印度洋和南中国海之间的交通要冲，也是从欧洲、非洲到达西太平洋诸港最短航道上的必经之地，被誉为"东方的直布罗陀"。巽他海峡、龙目海峡与马六甲海峡一起并称为"东南亚的三大门户"，它们是美国和日本战略生命线的必经之地；而望加锡海峡连接南中国海、菲律宾和澳大利亚的主要航线，也是美国军舰往返于西太平洋和印度洋的最主要的航道[③]。

东南亚是中国周边邻国最为集中的地区，是中国的近邻，与中国不仅

---

① 秦奇，成升魁. 东南亚地缘格局时空演变研究. 太平洋学报，2017(8)：24-25.
② 高月. 东南亚的地缘与安全.［2015-05-25］. https://www.doc88.com/p-0806646720180.html?r=1.
③ 钟智翔，陈扬. 东南亚国家军事地理. 北京：军事谊文出版社，2009.

有陆地相连，也有海域相连，而且自古以来就与中国有着很深的渊源。长期以来，东南亚一直在地缘上对中国西南边陲，包括对南部海上边疆的安全都具有重大影响，是中国古代海上丝绸之路的必经之地。另外，这里地处亚热带、物产丰富，拥有世界重要的战略资源，天然橡胶、棕榈油、锡金属等自然资源的产量位居世界前茅，尤其是相当可观的石油、天然气的储量，令其成为亚太重要的油库。因此，在世界资源日益枯竭的今天，这里的发展必将成为周边大国关注的焦点[①]。

（二）地缘的政治性

东南亚属于大陆边缘地带，在文化上受大陆中心地带的影响较弱。由于受帝国主义的殖民统治，许多国家直到20世纪70年代以后，才开始从帝国主义的殖民统治中独立出来。由于地处大陆边缘地带或受海洋阻隔的地理限制，独立以后的东南亚国家在政治、经济、文化发展上参差不齐，存在很大的差别。在这个地区，地缘政治状况依然十分复杂，不仅国家内部政治纷争和派系斗争不断，而且国家间在边境、领海和岛屿上也存在着不少争端。另外，这里还是中华文明与印度文明，西方文明和东方文明的交会地，存在着复杂的社会文化、宗教民族关系，国家之间乃至一国之内往往因宗教、种族利益冲突而发生动荡。这些国家都是些中小国家，在国际竞争中竞争力比较弱，更不用说还处在大国的包围之中，很容易被大国所左右[②]。

冷战结束后，随着世界局势的变化，东盟抓住世界战略格局调整、亚太战略格局重组的机会，及时调整战略，摒除意识形态和社会制度的差别，将东盟扩大为几乎囊括东南亚所有国家的地区合作组织——"大东盟"，从而使东盟在地区或国际社会中的地位得到空前的增强。大东盟的战略意义，在于从此将东南亚地区通过协调而引向合作与稳定。所以，在当今的地缘政治舞台上，东南亚国家不仅是以国家的角色参与国际事务，而且还是以集团（地区组织）的身份发挥作用和影响。东南亚国家对外交往时，既是国与国之间的双边关系，也是地区组织与国家之间的多边关系。这种特殊性，无疑扩大了东南亚国家在国际地缘政治中的作用和影响力，同时

---

① 高月.东南亚的地缘与安全.［2015-05-25］.https://www.doc88.com/p-0806646720180.html?r=1.

② 高月.东南亚的地缘与安全.［2015-05-25］.https://www.doc88.com/p-0806646720180.html?r=1.

也提高了他们的国际地位。随着东盟的发展以及实力的增长，东盟成为亚太多元化的一极[①]。

三、东南亚对中国的战略意义

（一）从地缘价值来看

东南亚的地缘对中国极其重要，东南亚是扼守着太平洋和印度洋相互通往的要道，具有重要的地理战略意义，是影响我国周边地缘安全环境的重要因素之一。在与中国毗邻的周边地区中，东南亚对中国具有重要的战略地位。东南亚是连接亚洲与大洋洲，沟通印度洋和太平洋的"十字路口"，控制着从太平洋到印度洋的主要水路航线。中国与东南亚和中亚具有密切的地缘政治关系。与东南亚地区分别相邻的中国东南沿海是中国的经济重心所在。

作为中国周边环境的重要组成部分，东南亚地区的安全稳定与否对中国有着重要影响。东南亚地区作为亚太地区重要的次区域，不仅是沟通亚洲、非洲、欧洲以及大洋洲的枢纽，也是中国从海上与世界沟通的重要通道，是中国西南内陆地区对外联系的重要途径，地缘战略十分重要。中国进出大洋相对比较安全、牵制较小的通道主要是东南亚地区。通过这一地区，中国不但可以东出太平洋，而且可以西进印度洋，对中国在21世纪开发和利用海洋空间十分有利。中国背陆面海的地理位置决定了中国既拥有陆地和海洋两个方面的利益，也面对来自陆地和海洋两个方面的威胁。东南亚作为中国海上地缘和陆上地缘的重要组成部分，是中国的重要利益所在，自然成为中国的地缘战略所包含的重要地区。这一地区不仅是中国维护国家安全的主要方向，也是对外开放、进行经贸交流的主要通道。

日本、印度、美国和俄罗斯都把目光投向了东南亚区域，世界主要大国对东南亚控制权的争夺越来越激烈，使原本异常复杂的东南亚地区情况更加充满变数。印度出于地区霸权的野心，不断制造"中国威胁"论，将自己的触角努力向东南亚各个方面延伸，以期望在东南亚建立自己的霸权，并妄图以东南亚为基地牵制中国。日本对东南亚的兴趣也越来越浓厚，近年来不断突破和平宪法的限制，并以各种借口，在美国的支持下向海外派

---

① 高月.东南亚的地缘与安全.[2015-05-25]. https://www.doc88.com/p-0806646720180.html?r=1.

遣自卫队，军国主义阴魂不散，霸权欲望蠢蠢欲动。俄罗斯插手东南亚主要是希望在摆脱美国的战略围困的同时制衡中国。美国则希望通过对东南亚地区的控制，以实现对中国的战略包围，并进而威慑俄罗斯①。

（二）从军事方面来看

从地缘战略上考虑，海洋战略是指一个国家发展海军实力，走向世界的战略跳跃点。这一战略跳跃点必须具备以下三个特征：一是该地区或国家必须有至关重要的海峡或海道；二是该地区或国家必须处在"十字路口"，具有通往五海三洲的地缘优势；三是该地区或国家必须拥有丰富的战略能源。

中国要想走向世界，必须建立一支强大的海军。海权是历史上决定大国兴衰的重要因素，没有海权的大国，其发展是没有前途的。从某种程度上说，我国东北、北部、西北和西南边疆的安全环境处于新中国成立以后相对较好的时期，这就为中国相对集中力量发展海权提供了一个较好战略机遇期。就中国目前的国际国内环境而言，我们必须重视与东南亚国家的关系。

从地缘上看，东南亚处在极其优越的战略位置上，向北有东北亚重要的军事和经济大国，向东连接太平洋，向西连接有世界"海洋心脏"之称的印度洋、有"石油心脏"之称的中东地区，向南是澳大利亚，并拥有"东方的直布罗陀"美誉的马六甲海峡。只要利用这一跳跃点，就可以保护我国能源运输的海上通道，缓解我国能源运输的海上压力，从东南亚突破美国对中国的战略围堵②。

21世纪，亚太在全球的地缘政治格局中的地位将变得越来越重要，中国将有可能会发展成为亚太地缘政治格局中的主导国家。这就要求我们建立一支强大的海军，这不仅关系到中国战略能源通道的安全，而且还关系到中国突破美国的战略围堵的大问题。

（三）从能源方面来看

东南亚连接太平洋和印度洋，来自中东的石油运输船只每天都要通过马六甲海峡，这直接关乎中国的石油供给，中国对中东和西亚的石油依赖程度很高。东南亚又有着极其丰富的自然资源，土地、森林、油气和矿产

---

① 东南亚国家对中国的重要性.(2016-12-05)［2019-11-10］. http://www.doc88.com/p-9415266934026.html.

② 张克成.东盟对中国的地缘战略意义分析.改革与开放，2010(14):1-2.

绝大部分的资源都是中国稀缺的,也是日本和韩国稀缺的。东南亚还有着潜力很大的市场前景,人口众多,未来购买力巨大。如果治理得当,加上国际环境允许,东南亚未来年将成为支撑世界经济的一个重要次级。正因为此,日本和韩国也特别重视发展与东南亚的关系。日本与湄公河流域根本连不上,却每年要开一次日本与湄公河流域国家的论坛会议。中国还可以进一步发展与东南亚之间的关系。由于国情缘故,中国将会长期利用东南亚的资源,这要求我国把握更多的投资机会,进一步互惠互利。而现在美国、日本和韩国也都在加紧拉近与东南亚的关系,这很有可能在一定程度上改变着这个地区的格局。东南亚对中国极其重要,有经济方面的原因、地缘政治方面的原因,还有其他国家重返东南亚对中国造成的种种不利因素等。

(四)从外交方面来看

和平、稳定与繁荣是中国同东南亚的共同诉求,而稳定周边,走和平发展的强国之路,是中国政府的一贯主张。历史证明,中国与周边国家,包括东南亚国家,可以和睦相处,共同繁荣。没有中国的作为,要想维持地区的稳定与平衡是不可能的事情。当然,东南亚国家也希望与中国开展良好的合作。在2001年11月文莱举行的第五次东盟与中国领导人会议上,双方领导人达成一致,同意在10年内建立中国-东盟自由贸易区的共识。数据显示,30年来,中国-东盟贸易规模从1991年的不足80亿美元增长到2020年的6 846亿美元,扩大80余倍。自2009年起,中国连续12年保持东盟第一大贸易伙伴;2020年,东盟首次成为中国最大的贸易伙伴。2021年前10个月,中国-东盟贸易额已达7 033亿美元,同比增长30%,全年再创历史新高。中国-东盟双向投资合作蓬勃发展,双方互为重要外资来源地。截至2021年,中国与东盟累计双向投资总额约3 000亿美元。双方共同努力,推动一大批造福国计民生、加速互联互通、综合效益好、带动作用大的合作项目落地,为促进地区经济社会繁荣发展作出了积极贡献[1]。可以预计,在中国的参与和支持下,东南亚地区将出现一个经济一体化的和平稳定的繁荣圈。

在中国与东盟友好合作关系发展的过程中,也存在着一些不利因素和问题。其一,在东南亚国家的印尼、缅甸和菲律宾等国家存在的政治局势

---

[1] 商务部. 启动中国-东盟自由贸易区3.0版建设. [2021-11-26].

问题。这些国家的政局一直不稳,将会给中国-东盟关系带来一定的负面影响。其二,由于"中国威胁论"的存在,为了平衡中国的影响,东盟在中国之外,又与澳大利亚、新西兰、日本、印度和美国商讨建立自由贸易区的计划,这就会给中国-东盟自由贸易区的建立带来具有风险性的不利影响。其三,中国与东盟国家在南海岛屿问题上的争端。

在中国政府"搁置争议,共同开发"的倡议下,南沙争端有望朝着和平解决的方向发展。然而,我们应该警惕的是,由于南海的特殊战略地位,即沟通太平洋和印度洋的咽喉、新加坡和中国香港航线的中继站、中国对外交流的重要航道,美日为了遏制中国的发展,联合印度和澳大利亚介入其中的趋势已然隐现。因此,南海问题可能不再是单纯的主权争端和海洋权益问题[①]。

由于受历史积怨和冷战思维的影响,东南亚国家对中国的崛起还抱有一定程度的戒心和疑虑,其中,部分国家与我国仍然存在南海主权与战略资源权益的争端。尽管我国政府提出"搁置争议,共同开发"的主张,以低姿态处理与有关国家的争议,但是有关国家仍然不时挑起事端,并将南海问题国际化。值得关注的是,部分东南亚成员一方面要求东南亚国家联合起来在南海问题上以一个声音说话,在多边国际场合讨论南海问题,不断对中国施加压力,另一方面,他们积极邀请美国、日本和印度等域外大国插手南海事务。南海问题国际化符合美国、日本和印度等域外大国的利益,他们趁机插手南海争端,从中渔利。这样就更加剧了我国在处理与东南亚国家间南海问题争端上的复杂性和困难性。东南亚国家以集体谈判方式并且借助外部势力的介入同中国解决南海问题上的纠纷,提升了此问题的国际化程度和复杂化程度。

在顾及南海问题的同时,还要防止我国台湾当局在经济上的"南进政策",即在政治上把东南亚当作"实质外交"的突破口,企图实现通过经济来促成政治的不良图谋。部分东南亚国家或多或少都存在利用台湾牵制中国的目的。这就要求我们必须采取稳健的外交战略举措,积极发展中国与东南亚的睦邻互信和双边战略伙伴关系,努力消解东南亚国家内存在的"中国威胁"论,有效牵制和打压我国台湾当局与东南亚国家发展所谓"实质外交"的战略图谋。

---

① 高月.东南亚的地缘与安全.[2015-05-25].https://www.doc88.com/p-0806646720180.html?r=1.

中国作为海陆复合型国家,在兼顾"心脏地带"的前提下要适度向"边缘地带"国家倾斜,这样不仅有利于国家安全,更重要的是"边缘地带"国家是这种海陆复合型国家走向世界必须依靠的地缘政治力量[①]。

参考文献

［1］秦奇,成升魁.东南亚地缘格局时空演变研究.太平洋学报,2017(8):15-26.

［2］高月.东南亚的地缘与安全.［2015-05-25］.https://www.doc88.com/p-0806646720180.html?r=1.

［3］钟智翔,陈扬.东南亚国家军事地理.北京:军事谊文出版社,2009.

［4］张克成.东盟对中国的地缘战略意义分析.改革与开放,2010(14):1-2.

（作者系国防科技大学国际关系学院教授）

---

① 张克成.东盟对中国的地缘战略意义分析.改革与开放,2010(14):1-2.

越南在澜湄合作机制中的表现

宦玉娟

【摘　要】澜湄合作机制从提出倡议到具体实施，至2020年已经走过五年。越南对澜湄合作机制的态度也从观望转变为积极参与。澜湄五国文化相通、人口众多、市场广阔，各类合作丰富，越南在此合作机制下摘取了丰硕成果。但同时政治互信、美日等外部势力的干预也使得越南在澜湄合作机制中不敢太过放开手脚，制约了其在越南的功效。

【关键词】澜湄合作　越南　表现

越南在澜湄国家中地理位置优越，通过陆地可到达老挝、柬埔寨，海路可到达泰国、缅甸。越南丰富的自然资源、廉价的劳动力资源、稳定的国内环境等优势以及近年来经济上取得的众多成就，使得越南在澜湄合作机制中已经成为不可或缺的角色之一。

因受疫情影响，2020年的澜沧江－湄公河合作（简称"澜湄合作"）第三次领导人会议通过视频方式于8月24日成功举办。回顾近年来澜湄合作的发展，从2015年的提出倡议，到2016年确立"3+5合作框架"的正式启动，再到2020年各项目推进的关键期，澜湄合作已经走过五年。这五年里澜湄六国人民克服种种困难，在经济合作、政务交流等领域不断加强合作，使得该合作机制取得了丰硕成果。越南作为成员国中的冉冉之星，经济迅速崛起，从传统的军事、政治、外交等合作领域到非传统的经济和金融合作，保护和利用生态资源，打击跨国犯罪、走私贩毒、恐怖主义再到防控新冠疫情等方面与中国不断加强合作。

一、当前越南参与澜湄合作的基本情况

(一)态度由观望转变为积极

在澜湄合作机制刚提出的 2015 年,越南对此项目并没有表现出多大的热情。2017 年,在澜湄合作框架下的其他国家都成立专门的澜湄合作国家秘书处时,越南仅是通报指定越南外交部综合经济司作为澜湄合作的越南协调结构。该年 7 月 26 日,澜湄合作跨境经济合作联合工作组第一次会议在云南昆明举行时,澜湄国家六方代表签署了《澜湄合作跨境经济合作联合工作组首次会议纪要》,柬、中、老、泰等签署《澜湄合作跨境经济合作联合工作组职责范围》,而越南与缅甸则表示回国履行内部手续后签署。

直到2018年,越南首次作为东道主举办了第6次澜湄合作领导人会议,越南从例行参加澜湄合作各类高层会议转变为积极以主角身份参与推进各类项目。会议中,越南承诺将会持续推进湄澜合作机制在合作规模与内容上的不断深化,使得该合作机制在东南亚取得更多实质性进展,发挥更大作用。越南认为作为湄公河国家,越南非常欢迎次区域所有国家和伙伴建立合作和建设性的联系[1]。

(二)澜湄合作框架下的越南表现

受越南国内大环境影响,越南以经济建设为中心,在澜湄合作机制中获得最大经济利益成为越南参与该机制的首要目标。在此框架下,越南不断增强对外合作,注重增强成员国各类经济的连接,积极为各国在越投资创造顺利环境,主动促成各金融机构对其国内商贸经营活动的投资。

此外,越南以多种方式最大化发挥陆路、铁路、航空、航海、水路的联通作用,注重将信息通信与资源相结合来提高原料的使用与经济生产管理,让澜湄合作机制经济走廊取得更高效率。同时,越南积极倡导各成员国建设质优、绿色、智能的基础设施,从建设中提高基础设施的性能与效率;倡导使用亲近自然的原材料及先进工艺,从源头上保护环境;倡导将环境与社会的和谐融入设计与建设中,从初始设计就开始注重人与环境、社会的和谐;倡导将科学进步应用到管理运行中,提高管理效率,促进各

---

[1] 越南在湄公河次区域的特别外交.[2022-04-06]. https://baoquocte.vn/tieu-vung-mekong-trong-ngoai-giao-chuyen-biet-cua-viet-nam-167890.html.

项目更高效推进。这些行为与理念不仅为澜湄合作机制创造了新的经济增长动力，也为整个东南亚地区提供了新的发展方向。

但是，越南也面临着澜湄国家共同面临的问题：没有完全发挥区域内经济走廊的潜能；无法妥善解决城市化带来的一系列困难；边境贸易日益增长、国际经济合作需求日益旺盛与国内行政不协同的压力；过多地依赖自然资源；劳动力廉价；等等。这些越南都希望能通过澜湄合作机制有所解决。

越南期待在澜湄合作机制下提高人力资源质量，尤其是培养新兴人才；期待各成员国能够保证财政、金融的稳固，以使各澜湄合作项目顺利推进；期待持续加强互联互通，共同应对、解决各种挑战，将各成员国打造成真正的利益共同体。

（三）澜湄合作框架下越南取得的成果

在澜湄合作机制下，越南与澜湄其他国家的众多项目已取得实质性进展。

跨境经济方面，也即越南最为注重的领域。在各成员国中，越南与中国的跨境贸易往来最为密切频繁。两国贸易主要集中在边境贸易，通常采取三种方式：边境小额贸易、边境一般贸易及边民互市贸易。在澜湄合作机制下，边境线下贸易更是日益繁盛，而跨境电商也让边贸转型升级迈入2.0时代。新冠疫情的蔓延虽致边境线下贸易遭遇了寒潮，却也给线上销售带来了新的商机。在澜湄合作成员国中，除中国之外，泰国是越南第二大贸易往来国。越南的进口汽车主要来自泰国，占越南汽车进口过半。在澜湄合作机制的推动下，越南积极解决了泰国出口越南汽车贸易中的大部分困难，使得两国间的汽车贸易更为顺畅。此外，越南主导的东西经济走廊、南部沿海走廊在澜湄合作机制下也在顺利推进。

互联互通方面，也即兴旺越南的重要途径，是不可或缺的基础设施支撑。泰—老—越三国交通线项目使得货物在三国之间更加有效的流通。近年来，越南国内交通设施的改善，如河内地铁的开通、内排—老街高速通道的维护，为越南在湄澜合作机制下的各类交流提供陆路上的便捷。预计2023年竣工通车的中国防东铁路，将大大改善中越边境口岸城市交通条件，为中越两国人民往来搭建了一座新桥梁，进一步加强了澜湄国家之间的相互了解与联系，促进并带动了越南东兴旅游相关产业的发展。中越德天一板约瀑布跨境旅游合作区在2022年开放运营至今广受中外游客好评。

水资源方面,也即澜湄国家最为棘手并亟待解决的问题。处于上游位置的中国与处于下游的湄公河国家间的水危机是域内外关注的焦点。从2016年起,进入"澜湄国家命运共同体构建时代",水危机呈现出新的发展趋势,并远远超出自然水权的范畴,直指秩序构建、话语权掌控、管理权主导等目标,开始对地区有序发展、中国作用发挥、各成员国利益保障产生"过度影响"①。越南虽尽力进行工业化建设,但至今仍然是以农业为主的国家,湄公河水资源合理高效的管理和利用关系着越南九龙江平原的农业、渔业,甚至该地区的脱贫工作。现在,澜湄合作水资源问题已经迈入实质调研阶段,越南也积极配合相关各国,寻求积极妥善的解决方案。

二、越南对推进澜湄合作的主要考虑

(一)维护东盟团结

澜湄国家以澜沧江、湄公河为源,同饮一江水,文化相通。在历史上,除了泰国,其余国家都曾被殖民统治过,因此各国人民之间多了同甘共苦的共鸣感。其中尤以越南与老挝的关系最为密切,两国又同属社会主义阵营,老挝国家的大小事务几乎都要通报越南,两国各领域的交流超过了越南与任何一个国家的往来。

东盟是一个整体,澜湄合作机制加固了这个整体。在国际舞台上,东盟的话语权相对比较弱,主要原因在于东盟整体发展的不均匀。澜湄合作提升了澜湄国家的经济实力与团结性,为东盟的发展注入新能量,增强了东盟在国际舞台上的话语权,为长期处于边缘地位的东盟小国在国际舞台上表达自身利益诉求、参与全球问题的解决提供了平台与机遇。

(二)政治因素

中越山水相连,"同志加兄弟"的传统友谊是两党两国共同的宝贵财富,和睦相邻是两党两国关系发展的大局②。越南摆脱法美控制后,毅然选择

---

① 张励.水资源与澜湄国家命运共同体.国际展望,2019(4):66.
② 习近平同越南国家主席阮春福通电话.(2021-05-24)[2021-06-20].http://www.gov.cn/xinwen/2021-05/24/content_5611242.htm.

了社会主义道路，政治上与中国同属一个阵营。2020年是中越建交70周年，这70年来，虽双方偶有矛盾，但两国关系大体上是向好发展的。"长期稳定、面向未来、睦邻友好、全面合作"的方针以及"好邻居、好朋友、好同志、好伙伴"的情感关系是两国关系发展的基本原则，而澜湄合作机制更加使得两国建立的全面战略合作伙伴关系的合作内涵不断丰富。

此外，越南一直非常警惕西方的"和平演变"，美日亚太战略对越南的影响是双面的。越南需要志同道合的兄弟协助其预防"和平演变"，确保共产党政权的稳定与持久。

（三）利益考虑

1. 金融支持

经济建设是越南的重心，但发展需要大量的金融财政支持。澜湄合作由中国主导，而中国是有名的"包工头"和"赞助商"，是重要的澜湄国家投资国。如今中国对澜湄国家的投资已经超过400多亿美元，这些金融优惠，帮助澜湄国家实现了20多个基础设施建设项目。

中国主导成立的亚洲基础设施投资银行、丝路基金等融资平台为澜湄合作的各个基建项目提供了丰厚的资金支持。中国不仅可以从自己腰包掏钱支持各澜湄合作项目，而且会拉到世界银行组织、国际金融组织的金融赞助。在中国倡导下，亚洲开发银行、世界银行、亚洲基础设施投资银行等国际性银行也都大力支持澜湄合作机制。

越南借助澜湄合作平台的资金支持与融资，不仅可以促进国内投资发展，而且可以加强与澜湄国家之间的跨境交通、通关口岸等互联互通的建设，进一步提升澜湄国家之间的经济合作水平。

2. 技术支持

在澜湄合作国家中，中国的创新技术、高精尖的人才队伍、高效的管理理念是大部分成员国极度缺乏的。以高铁为代表的基础设施建设项目是中国高端装备制造业的"名片"，而中国基础设施建设的周期、成本、技术、运营管理等将直接有助于越南互联互通的跨境铁路建设项目，不仅助力越南深入革新开放，甚至再创造后可以造福整个澜湄地区。

3. 市场支撑

首先，中越两国互为对方重要贸易伙伴，贸易往来密切，贸易规模逐年扩大,贸易中竞争性与互补性并存①。越南依赖中国为其提供先进的生产工具,也依赖中国市场消化掉其商品。中国出口到越南的商品主要为机械设备工具类、原燃料、物资类,粮食食品类,私人用交通工具、电器和电子、药品类,其中推动生产的机械设备和原燃料类占比最大,越南主要用这些进口商品服务对外直接投资(FDI)企业和越南国内企业的生产活动。

其次,随着澜湄国家的经济发展、人民生活水平的提高,其潜在市场量巨大。澜湄国家总人口及消费能力的目前情况与展望对越南来说诱惑很大,而越南需要这样的消费市场和消费需求拉动本国出口贸易。地区内出口贸易的不断扩大会提升越南地区内的话语权,使之成为在澜湄合作机制甚至东盟经济合作中不可或缺的成员。

三、越南推进澜湄合作的制约因素

(一)政治互信问题

中国是澜湄合作机制中的大国,经济水平、军事力量、国际影响力都远超澜湄其他国家,这使得其他成员国对中国多少有戒备心态。虽然越南与中国同属社会主义阵营,但其传统的排华心理、对中敌意的民族主义加之南海海域的利益之争,使得越南对中国官方倡导的各类合作项目都非常警惕,甚至持敌对态度。

(二)美日等大国的制约

1. 美国

美国一直有着成为世界霸主的"梦想",印太战略是其重点经营项目,而越南与中国关系纠缠不清,自然成为美国在东盟地区牵制中国的重要棋子。南海问题中,美国需要南海的航行自由与资源,越南在南海方面的诉求得不到东盟的大力支持,所以急需用美国的插手来牵制中国在南海的势力。美国带头围堵中国"一带一路"倡议,越南却不想仅支持一方,而是选择做"墙头草",实施大国平衡战略,在中美之间斡旋,达到国家利益最大化。越南与中国的贸易逆差由来已久,对中国防范较深。中美贸易战对越南来说是非常机会,越南希望通过美国承诺的经济替代效应提高对中

---

① 杨月元,吴立霞."双循环"新格局下中越贸易特征及影响因素探讨.商业经济研究,2021(22):141.

方各类合作倡议的要价,其中包括澜湄合作,争取在经济上减少对中国的依赖。

2020年9月11日,美国和越南共同主办了湄公河-美国新伙伴关系下的第一次湄公河之友会议。湄公河-美国新伙伴关系成员包括美国、缅甸、柬埔寨、老挝、泰国和越南。湄公河之友包括澳大利亚、欧盟、日本、韩国、新西兰、亚洲开发银行和世界银行。此次会议中,美国强调,美国致力于建立一个安全、开放、繁荣的湄公河地区,强调该地区对东盟中心地位及对印太战略的重要性。湄公河-美国新伙伴关系、湄公河之友的成员国及机构就基础设施发展、互联互通、人力资源开发、湄公河数字经济、水资源的可持续利用、自然资源管理、环境保护、区域卫生合作安全提出了相关建议。近年来,美国与湄公河流域国家不断深化、扩大关系,重点关注经济、互联互通、基础设施、人力资源开发、自然资源和非传统安全(包括跨国犯罪、救灾、卫生安全)等关键问题的合作。

湄公河-美国新伙伴关系、湄公河之友会议进一步证明了美国正扩大对湄公河地区的影响。

2. 日本

日本作为世界经济大国,由于自身面临着国土狭小、人口密集以及资源紧缺等问题,其把具有丰富资源且具有重要战略地位的东南亚视为发展生命线。无论商贸投资还是经济援助,日本均为越南的重要伙伴。迄今为止,日本是越南最大的援助国,"累计从1992年到2015年,日本对越南的政府发展援助总额达到2.8万亿日元(合约270亿美元),平均每年援助金额约11.7亿美元。"[①]日本对越南的援助非常狡猾,初始时强调合作性、协调性,弱化民主与人权,随着援助的深入,其政治、战略考虑越来越明显。

近年来,日本在亚洲地区影响力越来越大,外交政策也更为积极主动,巩固与东南亚国家关系是日本实现亚洲外交战略和"政治大国"目标的重要部分。越南拥有长达3 260千米的海岸线,南海作为世界上最繁忙的海上运输线,是日本大部分能源和进出口商品必须经过的海域,这特殊的地理位置使得日本不得不重视与越南的各类关系。此外,中国与日本素来矛盾重重,越南与中国的南海问题成为日本牵制中国的一个重要机会。同时,越南在东南亚地区的地位随着其经济发展水涨船高,发展与越南的良好关系对日本来说可谓一箭双雕,具有不小的地缘战略意义。

---

① 阮维仲.冷战后日本对越南政府发展援助研究.上海:上海师范大学,2019:1.

四、我国的对策与思考

（一）建立政治互信

2018年1月10日，李克强时任国务院总理在澜沧江-湄公河合作第二次领导人会议上的讲话强调澜湄合作要坚持平等协商，坚持国家不分大小、强弱、贫富，一律平等，合作中有商有量，充分照顾彼此的舒适度，不附加任何政治条件，不把自己的意志强加于他方。总理的这句话提醒我们在澜湄合作中政治互信的重要性。

在与越南的交流合作中，我国官方层面要积极呼吁越南从坚持维护社会主义事业和两国稳定发展的战略高度看待和把握中越合作，坚持弘扬传统友谊，深化互利合作，妥善管控分歧，以此来增进政治互信；呼吁越南坚持弘扬两党、两国人民的老一辈合作交流精神和精心培育的友谊，以此推动两国全面战略合作伙伴关系向着更加稳定、健康、持续的方向发展。

2020年是中越建交70周年，在与越南回忆两国共同战斗的革命友谊基础上，应着重提醒越南在国际和地区形势风云变幻的背景下，维持和平稳定的双边环境、促进互利合作才是符合两国优先战略利益的。增强与越南的政治互信，会带动澜湄其他国家与中国的政治互信，中越两国关系的不断巩固深化也会带动澜湄合作中其他国家与中国各领域交流合作的不断加强，加速实现澜湄合作的各项目标，为东盟地区甚至世界和平稳定发展作出切实贡献。

（二）加强两国地方政府间的合作

中越两国地方政府之间的合作是加强两国合作交流的创新模式。在澜湄合作机制中，两国各地方政府（主要是广西、云南、广东和海南）是推动各项目取得有效成果的实际执行者。越南非常重视这种创新合作模式，积极建设各类平台、设施为地方政府间的合作创造条件，促成各领域间的互利共赢。

广西与越南的合作由来已久，尤其是在旅游、教育、人才培养方面已经相对成熟。云南省则通过边境各口岸加强与越南陆上合作，建设昆明—河内—海防经济走廊，建设海防—老街铁路线促进双边人员往来与经济交流。海南省同越南广宁省建立了稳定的合作关系，不仅限于传统的旅游、热带农产品领域合作，也在探索科学技术与教育领域的合作交流。

（三）加强政府之外的各领域合作

正如前文所述，越南对中国官方倡导的合作倡议多持谨慎态度，除了要增强双边政治互信之外，可避免从政治渠道进行合作，改用其他方式进行合作。

广西师范大学与越南河内大学合作共建的孔子学院就是非常成功的人文教育合作案例。通过孔子学院的平台，在中国举办"全国大学生越南语大赛"，在越南举办"汉语桥"中文比赛，不仅增加了两国知识分子之间的交流，而且使中国文化和越南文化更深入地在两国之间传播。在澜湄合作机制下，越南和中国可以通过更多的高校搭建合作平台，既互相学习语言，也可以借助两国高校，为澜湄合作项目培养专项人才，提高人才培养及用人效率。

近年来，中越两国执法领域也展开了多层次、高频度、宽领域交往，中国驻越南大使馆在越处理、协查案件力度增加，中越两国公安机关在执法合作方面理念相同、互有需求，共同建立了中越执法合作新平台，使得中越警务执法合作迈上了新台阶。

新冠疫情暴发以来，越南和中国加大了对中越边境线发生的妨害国（边）境类案件查处力度。两国边境线出入境边防部门紧密合作，查处了大量偷渡人员，并打击处理了一批组织人员，最大限度堵住了疫情蔓延的漏洞。

其他各领域如民间艺术交流、企业家交流都可以参考教育合作交流的成功经验，全方位各领域拓展两国交流合作。

（四）增加双边经贸往来

在澜湄合作框架下，我国已经逐步取消了多项中越边境贸易收益税，直接增加了进口越南货物的成本，降低了竞争价格。现在越南仍处于工业化进程时代，仍须置办各类先进工业设备，我国可在工业化方面拓展与越南合作新领域，协助其一步步脱离低端的原料生产出口，往高新技术产业发展，让越南实质性尝到我国"一带一路"倡议与澜湄合作机制的实惠。

五、小结

至 2020 年,澜湄合作机制已走过五年,越南从最初的怀疑、谨慎转变为参与,从澜湄合作机制中尝到甜头,必将推动其更加积极地参与我国"一带一路"倡议,进而促进整个东南亚与我国深入合作。但是,当前澜湄地区也显现出各种合作机制拥堵现象,美、日等国都在该地区提出了自己的合作机制,这难免与中国形成竞争。同时,越南也会利用大国平衡战略,在各类澜湄合作机制中左右逢源,实现本国利益最大化。我们要警惕无限投入陷阱,避免被越南利用。此外,越南最关心的水资源问题一直没有得到妥善解决,这也是中国与越南在推进澜湄合作机制中最棘手的问题。

参考文献

[1] 越南在湄公河次区域的特别外交.越南国际报.[2022-04-06]. https://baoquocte.vn/tieu-vung-mekong-trong-ngoai-giao-chuyen-biet-cua-viet-nam-167890.html.

[2] 张励.水资源与澜湄国家命运共同体.国际展望,2019(4):61-78.

[3] 习近平同越南国家主席阮春福通电话.(2021-05-24)[2021-06-20]. http://www.gov.cn/xinwen/2021-05/24/content_5611242.htm.

[4] 杨月元,吴立霞."双循环"新格局下中越贸易特征及影响因素探讨.商业经济研究,2021(22):141-144.

[5] 阮维仲.冷战后日本对越南政府发展援助研究.上海:上海师范大学,2019.

(作者系军事科学院讲师)